新伝記

平和をもたらした人びと ４

強《きょう》制《せい》収《しゅう》容《よう》所《じょ》を伝える作家

野《の》村《むら》路《みち》子《こ》とテレジン収《しゅう》容《よう》所《じょ》

文／横田 明子

新伝記

平和をもたらした人びと④

野村路子《のむらみちこ》とテレジン収容所《しゅうようじょ》

もくじ

野村路子《のむらみちこ》って何をした人？

（1937 ～）

東京都《とうきょうと》出身のノンフィクション作家。

早稲田《わせだ》大学第一文学部仏文科《ふつぶんか》を卒業後、コピーライター、タウン誌《し》編集長《へんしゅうちょう》を経《へ》て、ルポルタージュ、エッセーなどを執筆《しっぴつ》。

1989 年、旅行先のチェコ（当時はチェコスロヴァキア）・プラハでテレジン収容所《しゅうようじょ》の子どもたちの絵と偶然《ぐうぜん》出会い、日本の多くの人たちにこの事実を伝えたいと活動し、1991 年から全国各地で『テレジン収容所《しゅうようじょ》の幼《おさな》い画家たち展《てん》』を 30 年以上にわたって開催《かいさい》してきた。

著書《ちょしょ》は、『15000 人のアンネフランク テレジン収容所《しゅうようじょ》に残された4000 枚《まい》の絵』（径書房《こみちしょぼう》）、『テレジンの小さな画家たち』（偕成社《かいせいしゃ》）など。

野《の》村《むら》路《みち》子《こ》とテレジン収《しゅう》容《よう》所《じょ》

強制収容所《きょうせいしゅうようじょ》を伝える作家

文／横田　明子

第一章　戦争がすべてを変えた

❖幸せな日常《にちじょう》生活の中で

一九三七年、一月二十八日。

「お、産まれたか。」

父・耕太郎《こうたろう》が、東京《とうきょう》駅近くの*1丸《まる》ビルに構《かま》えた*2弁護士事務所《べんごしじむしょ》から、*3市谷《いちがや》の自宅《じたく》に息を切らしながら戻《もど》ってきたのは、寒さが一《いち》段《だん》と厳《きび》しい午後だった。

---

*1 丸《まる》ビル…丸《まる》の内《うち》ビルの略《りゃく》。東京《とうきょう》駅近くの丸《まる》の内《うち》にある。

*2 弁護士《べんごし》…裁判《さいばん》でうったえたり、訴《うった》えられたりした人に代わって、法律《ほうりつ》にもとづいた手続きを進める仕事をする人。

*3 市谷《いちがや》…現在《げんざい》の東京都《とうきょうと》新宿区《しんじゅくく》にある地名。

木枯《こが》らしを浴《あ》びてきたせいと、赤ちゃんへの期待で顔を赤くしながら、父は、分厚《ぶあつ》いコートを脱《ぬ》ぐのももどかしそうに、座敷《ざしき》をのぞいて母にやさしく声をかけた。

「文子《ふみこ》、ご苦労だったな。」

「あなた、お帰りなさい。女の子でした。」

「ずいぶんと元気そうな子じゃないか。」

「かわいいでしょう。

わたしは妹がほしかったから、とてもうれしいわ。

今日からわたしがあなたのお姉さまよ。」

まだ四歳《さい》の姉が、赤ちゃんの顔をのぞきこみながら大人びた調子で言ったものだから、父と母は顔を見合わせて笑った。

父としては、跡継《あとつ》ぎのことを考えると、次は男の

子と思ってもいたが、無事に生まれてくれた姿《すがた》を見ただけでうれしかった。母の横ですやすやと寝息《ねいき》をたてる子に「路子《みちこ》」と名づけた。

路子《みちこ》は福田《ふくだ》家の二女として生まれた。父は弁護士《べんごし》として活躍《かつやく》、母はそれを支《ささ》えて家を守り、お手伝いさん*1が二人いるなど、当時としては、かなり裕福《ゆうふく》な家庭だった。

しっかり者の姉は、妹ができたのがうれしくてたまらない。

「ほら、お口がよごれてる。こっちを向いて。」

例えば、食事の時、せっせと妹の口をふいたりお世話をしたりするので、路子《みちこ》はやってもらうのが当たり前になっていた。

路子《みちこ》が生まれた時からいるお手伝いのしげちゃんは、路子《みちこ》に甘《あま》かった。

道でころんで、大げさに泣く路子《みちこ》の頭をなでてくれる。

「あらあら大変。*2赤《あか》チンをぬりましょうね。」

---

*1 お手伝いさん…その家に雇《やと》われて、そうじや洗《せん》たく、食事の用意などの家事をする人のこと。

*2 赤チン…当時の消毒液《しょうどくえき》のこと。

「うん。路子《みちこ》、歩けないよう。おんぶして。」

そんな甘《あま》えん坊《ぼう》の路子《みちこ》だったが、子どもにもしっかりと教育を受けさせたいという父の考えで、姉と同じく、*3飯田橋《いいだばし》にある白百合《しらゆり》学園の幼稚園《ようちえん》に入った。しげちゃんに送《おく》り迎《むか》えをしてもらっていたが、*4初等科では、小学四年生の姉と通学を始めた。

ただ、いつも姉をたよりにしているので、一人では何もできない。

「路子《みちこ》、早くしないと遅刻《ちこく》するわよ。」

「うわっ、時間割《じかんわり》をそろえてなかった。早くしなくちゃ。」

ご飯もあせって食べ、髪《かみ》の毛をとかすひまもない。

「お姉さま、ちょっと待って！」

「だらしないわねえ。路子《みちこ》はもう小学生よ。しっかりなさい。」

「わたしはお姉さまより四つも小さいの。できなくて当たり前。」

口は*5達者で、気の強さだけは一人前だった。

＊3 飯田橋《いいだばし》…現在《げんざい》の東京都《とうきょうと》千代田区《ちよだく》にある地名。

＊4 初等科…小学校のこと。

＊5 達者…学問などにすぐれていることで、「口が達者」は、話し方がうまいこと。または、よくしゃべること。

姉にくっついて、セーラー服[*1]の背中《せなか》から大きくはみ出たランドセルをゆらしながら、「ごきげんよう！」と守衛《しゅえい》[*2]さんに元気にあいさつをして学校の門をくぐった。

先生の多くはフランス人の修道尼《しゅうどうに》[*3]だ。校内で会えばフランス語で「ボンジュール、マ・スール」「コマン・タ・レ・ヴ？」「メルシ・マ・スール・ジュ・ヴェ・ビヤン」と挨拶《あいさつ》する。

入学した時から勉強は大好きだった。これは、父の影響《えいきょう》が大きかったかもしれない。

父の書斎《しょさい》[*4]には司法[*5]関係以外にも本がたくさんあった。

「わ、この本おもしろそう。」

路子《みちこ》は幼《おさな》い頃《ころ》から、文学作品を読みあさった。

（自分が知らないこんな世界もあるんだ。）

父はたまに、仲間を呼《よ》んで俳句《はいく》[*6]の会を開いていた。座敷《ざしき》をのぞきに行くと、みんなで細長い紙に何かを書いている。

＊1 セーラー服…女子生徒が着る制服《せいふく》の一つ。

＊2 守衛…施設《しせつ》などの警備《けいび》を行う人。

＊3 修道尼《しゅうどうに》…キリスト教で、清貧《せいひん》・貞潔《ていけつ》・服従《ふくじゅう》の三つの修道誓願《しゅうどうせいがん》をたてた女性《じょせい》。

＊4 書斎《しょさい》…読書や書き物、仕事などをする部屋。

＊5 司法…法律《ほうりつ》に基《もと》づいて裁判《さいばん》を行うこと。

＊6 俳句《はいく》…五・七・五の十七音を基本型《きほんけい》とする日本の伝統的《でんとうてき》な定型詩《ていけいし》。

＊7 短冊《たんざく》…字を書いたりするための、細長く切った薄《うす》い木や紙。

＊8 日中《にっちゅう》戦争…一九三七年に起こった日本と中国《ちゅうごく》の戦争。

「それなあに?」

「俳句《はいく》だよ。言葉を五・七・五で並《なら》べるんだ。」

「ふうん。なんかおもしろそう。」

「路子《みちこ》もやってみるか。『青空や』から作ってごらん。」

父に言われてうなずいた。*7短冊《たんざく》をもらって頭をひねった。

「うーんと……。できた!『青空や雲の魚が泳ぎたり』。」

「ほお、なかなかのものだね。お父さんに似《に》て文才がある。」

おじさんの一人にほめられて、路子《みちこ》は得意《とくい》になった。

それからは、句会《くかい》をのぞきに行っては俳句《はいく》に親しんだ。

のちに物を書く仕事の道に進んだ路子《みちこ》の原点は、この幼少期《ようしょうき》にあるといえるかもしれない。

❖東京大空襲《とうきょうだいくうしゅう》の夜

*8日中《にっちゅう》戦争が始まった年に生まれた路子《みちこ》は、穏《おだ》やかで幸せな幼《よう》

少期《しょうき》を送っていたが、実は戦争の影響《えいきょう》は福田《ふくだ》家にも及《およ》んでいた。

ことの始まりは、当時期待の新人作家だった石川達三《いしかわたつぞう》[*1]の著書《ちょしょ》にまつわる、いわゆる「『生きている兵隊《へいたい》』事件《じけん》」である。

この頃《ころ》には、軍部《ぐんぶ》[*2]が言論統制《げんろんとうせい》[*3]を打ち出したために、この本が、当時の言葉でいうと「反軍的[*4]内容《ないよう》を持った、時節柄不穏当《じせつがらふおんとう》[*5]な作品」として「新聞紙法[*6]違反《いはん》」の罪《つみ》に問われたのだ。

その石川達三《いしかわたつぞう》の弁護人《べんごにん》の一人として、軍の言論弾圧《げんろんだんあつ》[*7]に対して、真っ向から裁判《さいばん》に臨《のぞ》んだのが父だった。

小学校に入った頃《ころ》、母から聞かされた記憶《きおく》がある。

「あの頃《ころ》、うちのまわりには、日本刀[*8]を持った人たちが何度もうろうろしていたの。」

「な、なんてこわい。そんな乱暴《らんぼう》な人たちがいたなんて。」

「あなたたちが傷《きず》つけられたりしたら、とそれは恐《おそ》ろしかった。」

でも、お父さまは暴力《ぼうりょく》で言うことを聞くような方ではない。

＊1 石川達三《いしかわたつぞう》（一九〇五〜一九八五年）…小説家。『蒼氓《そうぼう》』で第一回芥川賞《あくたがわしょう》を受賞《じゅしょう》した。

＊2 軍部《ぐんぶ》…国家が保有《ほゆう》する軍隊全体のこと。当時の日本には陸軍と海軍があった。

＊3 言論統制《げんろんとうせい》…国などの公権力《けんりょく》が、言論《げんろん》や出版《しゅっぱん》などの表現《ひょうげん》活動を制限《せいげん》すること。

＊4 反軍的…軍部や戦争などに反対するような。

＊5 時節柄不穏当《じせつがらふおんとう》…時期的にふさわしくないということ。

＊6 新聞紙法…新聞や雑誌《ざっし》の発行についての法律《ほうりつ》。

＊7 言論弾圧《げんろんだんあつ》…国などの公権力《けんりょく》が、言論《げんろん》や出版《しゅっぱん》などの表現《ひょうげん》の自由を奪《うば》うこと。

＊8 日本刀…日本でつくられた刀身《とうしん》が長い刀。

おどされてたまるものですか、とわたしも思ったものよ。」

父はいつも笑顔《えがお》の、そして、強い人だ。怒《おこ》っても決して手を*9上げたりしない。怒《おこ》られる理由をしっかりと話してくれる。

路子《みちこ》は、思いやりのある父が大好きで誇《ほこ》らしく思っていた。

しかし、世の中は、父が理想とする「*10人権《じんけん》を大切にする穏《おだ》やかで自由な社会」とは正反対のものになっていった。

一九四一年十二月、日本軍がハワイの真珠湾《しんじゅわん》でアメリカの基地に、そして、*11マレー半島でイギリス艦隊《かんたい》に*12奇襲攻撃《きしゅうこうげき》をしかけた（太平洋《たいへいよう》戦争開戦）ことで、*13第二次世界大戦《だいにじせかいたいせん》は世界六十か国近くを巻《ま》き込《こ》む戦争へと突《つ》き進《すす》んだのである。

日本でも、若《わか》い男性《だんせい》が次つぎと*14兵隊《へいたい》として*15戦地へ送られていく中、残された老人や女性《じょせい》、子どもたちも国を守ろうと必死に力を合わせていたが、戦争の状況《じょうきょう》は悪くなるばかりだった。

＊9 手を上げる…なぐろうとして手を振《ふ》り上げる。

＊10 人権《じんけん》…人間が生まれながらに持ち、人間生活を営《いとな》むうえでの基礎《きそ》となる権利《けんり》。

＊11 マレー半島…東南アジア南部にある半島。現在《げんざい》はタイ、マレーシア、などの国がある。

＊12 奇襲攻撃《きしゅうこうげき》…相手国に対して宣戦布告《せんせんふこく》（戦争行為《こうい》を行うことを伝えること）しないで、戦争行為《こうい》を行うこと。

＊13 第二次世界大戦《だいにじせかいたいせん》…一九三九年に始まった世界規模《きぼ》の戦争。一九四五年に終結した。

＊14 兵隊《へいたい》…兵士《へいし》。

＊15 戦地…戦闘《せんとう》が行われている場所。

一九四四年末になると、大都市を中心に国内各地で、次つぎとアメリカ軍からの[*1]空襲《くうしゅう》を受け始めた。

路子《みちこ》が「お兄ちゃま」と呼《よ》んでいた、まだ学生だった母の弟も、空襲《くうしゅう》で家を焼《や》かれてしまったため、福田《ふくだ》家に身を寄《よ》せた。

「おうちがなくなっちゃったからね。」

お兄ちゃまが肩《かた》を落としていても、路子《みちこ》は、姉がいない間に遊んでもらえると大喜《おおよろこ》びした。姉は、姉妹校の[*2]湘南白百合《しょうなんしらゆり》学園への[*3]学童疎開《がくどうそかい》で市谷《いちがや》の家を離《はな》れていたからである。

それが、もうすぐ卒業なので三月七日に帰ってくるという。

「ねえねえ、お兄ちゃま。お姉さまもじきに帰ってくるよ。」

「そうか。もう少し早かったらひな祭りのお祝いもできたのに。」

すると、母がポンと手をたたいた。

「あの子が帰ってくるお祝いに、ひな人形を出しましょう。」

戦争のさなか、おひなさまを飾《かざ》る家はどこにもなかった。福《ふく》

＊1　空襲《くうしゅう》…飛行機を使って、爆弾《ばくだん》などで敵地《てきち》を攻《せ》めること。

＊2　湘南《しょうなん》…現在《げんざい》の神奈川県《かながわけん》藤沢市《ふじさわし》ほか、相模湾沿岸《さがみわんえんがん》地域《ちいき》をさす呼称《こしょう》。

＊3　学童疎開《がくどうそかい》…空襲《くうしゅう》からのがれるために、都市の国民学校初等科児童を地方に避難《ひなん》させること。

＊4　防空壕《ぼうくうごう》…戦時中、空襲《くうしゅう》などから避難《ひなん》するためにつくられた穴《あな》や地下室。

田家《だ》のひな人形も、庭に掘《ほ》った防空壕《ぼうくうごう》*4の中にしまわれていた。

「うん。早く出そうよ。」

しげちゃんが防空壕《ぼうくうごう》のふたをとると、土のにおいといっしょに、かびくさく、しめったにおいがぷうんと鼻をついたが、木箱から取り出したおひなさまは、どれも変わらずに白く優《やさ》しい顔をしていた。

母がきれいにそうじをすませた座敷《ざしき》に並《なら》べた。

久《ひさ》しぶりのご対面に、路子《みちこ》が心を弾《はず》ませてひな祭りの歌を思わず口ずさむと、二歳《さい》になったばかりの妹も真似《まね》をして歌い出した。

「あらあ。おひなさまを出してくださったのね。」

帰ってくるなり、おひなさまを見た姉は大喜《おおよろこ》びだった。

「お母さま、ありがとう。」

姉の横で、路子《みちこ》も頭を下げた。妹もまねをした。

三姉妹がそろっての、何日か遅《おく》れのひな祭りだった。

久《ひさ》しぶりに一家がそろって祝うひな祭りに誰《だれ》もが明るい気持ちになっていた。

ところが、それからわずか二日後の三月九日のことだった。

今夜あたり、この辺に空襲《くうしゅう》が来るという話が町内中をかけめぐった。アメリカの飛行機から空襲《くうしゅう》を予告《よこく》するビラ*1がまかれ、人びとは不安におののいた*2。

ところが、まだ小学二年生の路子《みちこ》には、まるで実感がない。

路子《みちこ》は、母にのんびりと聞いた。

「ここにも空襲《くうしゅう》が来るの?」

「あなたたちは、いつでも逃《に》げられるように用意なさい。

わたしはお兄ちゃまと家に残らなくてはならないの。」

もしも空襲《くうしゅう》が来たら、防火《ぼうか》のため、家ごとに誰《だれ》かが残らなくてはならない決まりだった。

＊1 ビラ…宣伝《せんでん》のための文章や絵などを書いて掲示《けいじ》したり、配布《はいふ》したりする紙。
＊2 おののく…恐《おそ》れ、ふるえること。

ちょうどその日、父は用事で家には帰れない。姉と路子《みちこ》は、枕元《まくらもと》に制服《せいふく》とランドセルを置いた。

閉《し》め切《き》った雨戸[*3]の外からは、なんの物音もしない。

「本当に来るのかな。」

「明日は学校に行きたいわね。」

もう寝入《ねい》っている妹をはさんで、路子《みちこ》と姉は言葉を交《か》わしながら、いつの間にか眠《ねむ》りに落ちていた。

真夜中。突然《とつぜん》鳴《な》り響《ひび》いた空襲警報《くうしゅうけいほう》[*4]のサイレンの音で、路子《みちこ》たちははじかれるように布団《ふとん》から起き上がった。

しげちゃんがさけぶ。

「起きてくださいっ。着がえて！　空襲《くうしゅう》です！」

「早く避難所《ひなんじょ》まで逃《に》げなさいっ。

わたしたちもあとで行くからっ。」

母の切羽《せっぱ》[*5]つまった声を背中《せなか》に、路子《みちこ》と姉は、妹をおんぶした

＊3　雨戸…雨や風などから窓《まど》や開口部を守るために、窓《まど》や縁側《えんがわ》の外側などに立てる板戸。

＊4　空襲警報《くうしゅうけいほう》…空襲《くうしゅう》を知らせるサイレン。

＊5　切羽《せっぱ》つまった…事態、物事がさしせまって、どうにもならなくなること。

しげちゃんのあとに続いたが、火《ひ》の粉《こ》がどんどん飛んでくる。

木の電信柱が[*1]サンゴ色に燃《も》えながら、たおれて道をふさぐ。

「あぶなくて進めない。

ひとまず[*2]お堀端《ほりばた》へ行きましょう。

あそこなら、空からも目につきにくいですから。」

土手《どて》の斜面《しゃめん》に降《お》りると、みんなでほっとひと息ついたが、

「こんなところにいつまでいればいいの。」

三月のまだ[*3]底冷えのする寒さにふるえながら、姉は持ち出したランドセルを背負《せお》ったまま、不安そうにつぶやいた。

路子《みちこ》もかじかむ手をすり合わせながら、空を見あげた。

夜空なのに明るかった。

何本もの[*4]探照灯《たんしょうとう》（サーチライト）の光線が、空中に向かってのびている。

その中を大きな鳥の群《む》れのように飛行機が飛ぶ。

＊1 サンゴ色…黄色がかった淡《あわ》い紅色《べにいろ》。

＊2 お堀端《ほりばた》…堀《ほり》のほとり。

＊3 底冷え…足元から体の芯《しん》まで冷えを感じる寒さのこと。

＊4 探照灯《たんしょうとう》（サーチライト）…夜に、敵《てき》の飛行機などを見つけるための灯《あか》り。

そこから真っ赤な物体が、しだれ花火[*1]のように光りながら無数に落ちてくる光景に、路子《みちこ》は見とれた。

（なんてきれいなんでしょう。）

実際《じっさい》には、それは、飛行機から落とされた爆弾《ばくだん》で、たくさんの家いえを無惨《むざん》[*2]に燃《も》やしている。

それなのに、路子《みちこ》の目にはそれがまるで見せ物か何かのように映《うつ》ったのは、自分が運よく爆撃《ばくげき》にあわなかったからだろう。

一晩中《ひとばんじゅう》土手《どて》で過《す》ごした四人は、次の日、日が高くなった頃《ころ》に、決められていた避難所《ひなんじょ》[*3]までたどりついた。

「ああ、よかった。無事だったのね。」

すすでよごれた青白い顔の母が、髪《かみ》を振《ふ》り乱《みだ》しながらかけ寄《よ》ってきた。

お兄ちゃまも、路子《みちこ》たちを見て顔をほころばせた。

「みんな大変だったね。外は寒かっただろう。」

＊1 しだれ花火…「しだれ柳《やなぎ》」という花火。花火が開いてからすぐには消えず、花弁《かべん》が垂《た》れ下《さ》がるように光る息の長い花火のこと。

＊2 無惨《むざん》…むごたらしい様子。ひどい様子。

＊3 避難所《ひなんじょ》…学校や病院など、空襲《くうしゅう》を逃《のが》れるために一時的に逃《に》げこむ場所。

そこへ、昨夜《さくや》は家に帰れなかった父もやってきた。

「文子《ふみこ》には心配をかけた。ありがとう。」

「いいえ。子どもたちに何もなくてよかったですわ。

ただ、家のあたりに爆弾《ばくだん》が落ちてきて、わたしたちも逃《に》げてしまったので、家がどうなっているかは……。」

「いや、とにかくみんな無事だったんだ。

今日はもう一晩《ひとばん》ここにいて、明日帰ればいいさ。

まずは、食べよう。」

父は、知り合いが差し入れてくれたおにぎりをすすめた。

そういえば、土手《どて》で一夜を明かしてから何も食べていなかった。路子《みちこ》は、姉と顔を見合わせると白いおにぎりにぱくついた。*4

「おいしいね。」

「うん。おいしい。」

次の日、避難所《ひなんじょ》から家へ向かう途中《とちゅう》で路子《みちこ》は息をのんだ。*5

＊4　ぱくつく…ぱくぱく食べること。

＊5　息をのむ…驚《おどろ》いて、思わず息を止めること。

「あっちのおうちも、こっちのおうちも焼《や》けちゃっているわ。」

「ひ、ひどいわね。うちは大丈夫《だいじょうぶ》かしら。」

姉もまゆをひそめ、背中《せなか》を丸めて歩く。まわりの家いえは、まだ*1くすぶり続け、けむりが立ちこめている。

路子《みちこ》は、口と鼻をおさえながら歩いたが、自分の家の所まで来ると、思わず足がすくんでしまった。

屋根も柱も何もかもがくずれた無惨《むざん》な姿《すがた》がそこにあった。

「お、おうちが、燃《も》え、ちゃった……。」

「ぼ、防空壕《ぼうくうごう》に、家具なんかは残っているかもしれない。」

父があわてて、庭の防空壕《ぼうくうごう》へと足早に向かったが、戻《もど》ってくると首を振《ふ》った。

「だめだった。中のものは全部、灰《はい》になっていた。」

「そ、そんな……。」

*2絶句《ぜっく》する母に、父はもう一度首を振《ふ》った。

＊1 くすぶる…火が消えずに、小さく燃《も》え続ける様子。

＊2 絶句《ぜっく》…話の途中《とちゅう》でことばがつまって、出なくなること。

「ふたを木にしたから簡単《かんたん》に燃《も》えてしまった。かといって、ふたが鉄でそこへ逃《に》げ込《こ》んでいたら、みんなが*3蒸《む》し焼《や》きになっただろう。」

路子《みちこ》は、初めて恐怖《きょうふ》で体が凍《こお》りついた。

（あそこはきっと、お父さまの書斎《しょさい》のあった所だ。）

目の前に積み重なった本や書類らしきものから、風が吹《ふ》くとひらひらと赤い炎《ほのお》が上がっている。

「こ、これは……。」

母が、座敷《ざしき》のあったあたりから何かを見つけた。灰《はい》の中から出てきたのは、体は焼け落ち、顔だけのおひなさまだった。

「こんな姿《すがた》になって……。」

おひなさまの顔を抱《だ》きしめて母が泣いた。姉も泣いた。

路子《みちこ》はくちびるをかみしめた。

（おうちがなくなってしまった。これからどうするの？）

＊3　蒸《む》し焼《や》き…人が熱さで死んでしまうこと。

東《とう》京《きょう》大《たい》空《くう》襲《しゅう》と日本の空《くう》襲《しゅう》被《ひ》害《がい》

太平洋《たいへいよう》戦争では、日本の多くの都市が空襲《くうしゅう》の被害《ひがい》にあいました。

約10万人が亡《な》くなった東京大空襲《とうきょうだいくうしゅう》

1945年3月10日未明、約300機のアメリカ軍爆撃機《ばくげきき》B《ビー》29が東京《とうきょう》を無差別爆撃《むさべつばくげき》しました。この時、最も多く使われたのが、日本の木造家屋を燃《も》やすために開発された焼夷弾《しょういだん》という筒型《つつがた》の小型爆弾《こがたばくだん》でした。火の手はまたたく間に広まり、逃《に》げ遅《おく》れて焼《や》かれた人や川に飛《と》び込《こ》んでおぼれた人など、被害者《ひがいしゃ》は約100万人で、約10万人の人が亡《な》くなりました。この空襲《くうしゅう》によって焦土《しょうど》となった東京《とうきょう》は、「焼け野原」と呼《よ》ばれました。

全国の空襲被害《くうしゅうひがい》と原爆《げんばく》投下

その後、日本が敗戦を認《みと》める8月15日までの間に、横浜《よこはま》や名古《なご》屋《や》、大阪《おおさか》などの大都市をはじめ、全国の主要都市が空襲《くうしゅう》にあい、多くの人が命を落としたり、家や家族を失ったりしました。

8月6日に広島に投下された原《げん》爆《ばく》では、爆心地《ばくしんち》から半径2kmの建物はほぼ壊滅《かいめつ》状態で、1945年の冬までに約14万人が亡《な》くなったとされています。また、8月9日に原爆《げんばく》が投下された長崎《ながさき》では、約7万4千人が亡《な》くなりました。

東京大空襲《とうきょうだいくうしゅう》で焼け野原となった東京《とうきょう》の姿《すがた》。
(写真：アフロ)

広島《ひろしま》の原爆《げんばく》で焼け残った原爆《げんばく》ドーム。
(写真：PIXTA)

この*1東京大空襲《とうきょうだいくうしゅう》は、*2下町《したまち》の被害《ひがい》が特にひどかったことで知られているが、路子《みちこ》たちが住む*3山《やま》の手《て》のこの一帯も、たくさんの家いえが焼かれてしまったのである。

❖疎開先《そかいさき》の小学校での決意

家を焼けだされた福田《ふくだ》家だったが、幸いにも父の仕事場のある丸《まる》ビルは空襲《くうしゅう》にあわずにすんだ。

「ぼくは仕事はできるが、みんなの住むところを見つけなくてはいけないね。どこかへ*4疎開《そかい》したほうがいい。」

東京から離《はな》れた場所に家を探《さが》し始めた父が、四月になる前に見つけてきたのは、茨城県《いばらきけん》の山*5あいにある小さな村だった。

ただし、そこには女学校がない。小学校を卒業した姉は、女学校がある水戸《みと》の伯母《おば》の家から通うことになった。

「お姉さまと離《はな》れ離《ばな》れになるのはいやや。さびしいもん。」

---

*1 東京大空襲《とうきょうだいくうしゅう》…一九四五年三月十日、アメリカ軍の爆撃機《ばくげきき》B《ビー》29による、東京の下町《したまち》を中心とする大《だい》空襲《くうしゅう》。

*2 下町《したまち》…東京《とうきょう》の東にある低地のこと。東京大空襲《とうきょうだいくうしゅう》では、現在《げんざい》の江東区《こうとうく》、台《たい》東区《とうく》、墨田区《すみだく》を中心に、中央区《ちゅうおうく》、千代田区《ちよだく》、荒川《あらかわ》区《く》、港区《みなとく》などにまたがる地域《ちいき》が焼《や》け野原《のはら》となった。

*3 山《やま》の手《て》…下町に対して、高台にある地域《ちいき》のこと。

*4 疎開《そかい》…戦争中、敵《てき》の攻《こう》撃《げき》に備《そな》えて、被害《ひがい》を少なくするために都市などに集中している人や建物をいろいろな地域《ちいき》に分散すること。

*5 山あい…山と山の間。

姉が学童疎開《がくどうそかい》していた時を思い出した路子《みちこ》に、姉が言った。

「戦争が終われば、またいっしょに住めるから。」

本当は、家族から離《はな》れて一人になる姉のほうがさびしい思いをしたはずだったが、姉はそれをがまんしていたにちがいない。

路子《みちこ》は、母と妹の三人で見知らぬ土地へ疎開《そかい》した。

転入した学校の三年生は農家の子たちばかりだ。

そんな中で、きれいなセーラー服に身を包んで教室に入ってきた路子《みちこ》の姿《すがた》に、みんなはあっけにとられた。

「あの海軍[*1]さんみたいな服はなんだ。」

「上はそうだけど、下はあれ、スカートだよね。」

「もんぺ[*2]をはかないと、しかられるぞ。」

(これは着てきてはいけなかったんだ。)

路子《みちこ》は、すぐにでも脱《ぬ》ぎたくなるような気持ちにおそわれた。

一人が、路子《みちこ》の黒いランドセルを指さしてさけんだ。

*1 海軍…海上の国防《こくぼう》をおもな任務《にんむ》とする軍隊。
*2 もんぺ…おもに農村や漁村で用いられる作業着。ズボンに似《に》ていて、すそがしぼってある。

「あんなおっきなカバンだったら、大根もたくさん入るな。」

　そのとたん、教室にどっと笑いが起きた。

（やだ、もう。こんな所に来るんじゃなかった。）

「みんな、静かに。福田《ふくだ》さん。自己紹介《じこしょうかい》をお願いします。」

　先生が、のんびりと注意しながら、路子《みちこ》をうながした。

「は、はい。」

　いろいろと言われたはずかしさと、緊張《きんちょう》でドキドキしながらも、路子《みちこ》の口からはごく自然にあいさつの言葉が出てきた。

「ごきげんよう。福田路子《ふくだみちこ》です。」

　その瞬間《しゅんかん》、あちこちからまた声が上がった。

「うひょ、ごきげんよう、だって。」

「おれ、初めて聞いた。」

「華族《かぞく》さまなのか。」[*3]

＊3　華族《かぞく》…明治《めいじ》時代以降《いこう》〜昭和時代の戦前まで存在《そんざい》した、特権《とっけん》のある階層《かいそう》。

「あたしたちとは、お育ちがちがうんだ。」[*1]

(ど、どうして。あいさつをしただけなのに。)

路子《みちこ》には当たり前の制服《せいふく》もランドセルもあいさつも、この村の子どもたちには、まるで別世界のおかしなものだったのだ。

「よそ者」扱《あつか》いされた路子《みちこ》は、みんなから遠巻《とおま》き[*2]に見られていっしょに遊んだりすることはなかった。

(都会から来ただけなのに、どうしてさけられてしまうの。)

母も、ここでの暮《く》らしには苦労していた。農作業を手伝っても仕事がはかどらないので、まわりから言われた。

「やれやれ。やっぱり、都会の奥《おく》さまには無理なのかね。」

そんな母が、井戸端《いどばた》[*3]で妹をおんぶして、麦入りの米をとぎ[*4]ながら泣いている姿《すがた》を見て、路子《みちこ》はある決心をしていた。

(ここにはお父さまもお姉さまもいない。お母さまと妹をかばえるのはわたしだけだ。わたしが強くならなくては。)

＊1 育ち…成長する時の環《かん》境《きょう》や教育などのこと。

＊2 遠巻《とおま》き…近づくことなく、遠くから取《と》り巻《ま》くこと。

＊3 井戸端《いどばた》…井戸《いど》のまわり。井戸《いど》は、水をくみあげる場所。

＊4 米をとぐ…ご飯をたく前に、米の粒《つぶ》をこすり合わせてぬかを取りのぞくこと。当時は米が手に入りにくかったため、量をふやすために麦をまぜて、ご飯をたいた。

甘《あま》えん坊《ぼう》だった路子《みちこ》はこの時、住む家をなくし、疎開《そかい》して、家族が離《はな》れ離《ばな》れになった逆境《ぎゃっきょう》に立ち向かう勇気《ゆうき》を抱《いだ》いた。それは、のちに知った＊5テレジン収容所《しゅうようじょ》の子どもたちを理解《りかい》するうえでも貴重《きちょう》な体験だったかもしれない。

学校で一人ぼっちの路子《みちこ》は、想像力《そうぞうりょく》をふくらませるのが好きな子になっていた。＊6農繁期《のうはんき》になると一週間ほど秋休みになり、自分が手伝ったことの作文を書く宿題が出た。

ところが、路子《みちこ》には書くことがない。遊ぶ友だちもいない。ほかの農家の子たちのように農作業の手伝いもない。

外へ出てぶらぶらしながら、みんながせっせと稲《いね》を刈《か》る姿《すがた》や＊7イナゴが田んぼの中から飛んでくるのをながめているうちに、自分でも稲刈《いねか》りをしているような心持ちになってきた。

(そうだ。これを書こう!)

路子《みちこ》は、家に帰るとすぐに机《つくえ》に向かった。大人の人たちの稲《いね》

＊5 テレジン収容所《しゅうようじょ》…第二《だいに》次世界大戦《じせかいたいせん》中に、現在のチェコのテレジンという街にあった収容所《しゅうようじょ》。

＊6 農繁期《のうはんき》…農業の仕事がいそがしい時期。

＊7 イナゴ…バッタのなかま。稲《いね》の葉を食べる。

刈《か》りの様子や田んぼの風景を思《おも》い浮《う》かぶままに生き生きとつづった。

すると、秋休み明けの朝礼で、校長先生から、

「すばらしい作文がありました。」

と全校児童の前で発表された。

路子《みちこ》の作文はきっと、実際《じっさい》に手伝っている子どもの気持ちをリアル[*1]に描《えが》き出《だ》していたのだろう。成人してからルポライターになった路子《みちこ》にとって、これが生まれて初めて書いたルポルタージュ[*2]だったといえるかもしれない。

❖自分が目指したいものは

八月十五日。日本の敗戦で、戦争はようやく終わった。

父がさっそく、路子《みちこ》たちの疎開先《そかいさき》まで相談にやって来た。

「市谷《いちがや》の家はまだ帰れるめどはまったく立たない。

＊1 リアル…現実的《げんじつてき》。

＊2 ルポルタージュ…現場《げんば》に出向いて取材したことを、放送や新聞、雑誌《ざっし》などで報告《ほうこく》すること。「ルポ」ともいい、ルポルタージュする人を「ルポライター」という。

そこで、文子《ふみこ》の親戚《しんせき》がある埼玉《さいたま》*3の大宮《おおみや》に家を構《かま》えたいのだが。」

「はい。家族が全員で暮《く》らせるならどこでも構《かま》いません。」

母も、うれしさをかくせない様子で答えた。

大宮《おおみや》へ移《うつ》り住《す》んだ一家は、終戦から二年後には弟も生まれて、平和なにぎやかさを取《と》り戻《もど》していた。市谷《いちがや》に戻るまでの仮住まいのはずだったが、父が、その庭の美しさ、四季を彩《いろど》る花や紅《こう》葉《よう》を気に入って、ずっとそこに住むことになってしまった。そこから白百合《しらゆり》学園に通うことは難《むずか》しいということもあって、路《みち》子《こ》は、近くの公立小学校へ移《うつ》り、中学も公立で勉強に励《はげ》んだ。

路子《みちこ》には、同じクラスで学ぶ男子たちの存在《そんざい》がとても良い刺《し》激《げき》になった。いつしか、人一倍勝ち気*4な少女になっていた。

(勉強では、男子に負けたくない。それに、男子がいるほうがいろんな見方もできて楽しいし。)

そんな思いもあり、路子《みちこ》は、高校も埼玉県《さいたまけん》の男女別学の県立

*3 大宮《おおみや》…二〇〇一年に合《がっ》併《ぺい》し、今はさいたま市。

*4 勝ち気…気が強く、負けずぎらい。

高校ではなく、*1越境《えっきょう》して都立の白鷗《はくおう》高校を受験、合格《ごうかく》した。

常に前向きに努力しながら、新しいことを知りたい、学びたいという気持ちにあふれる高校生活だった。

得意な教科は英語だったが、大学の志望学科は、フランス文学を選んだ。この時の選択《せんたく》が、三十数年後のテレジンとの出会いにつながるとは夢《ゆめ》にも思わなかったが、一九五五年、路子《みちこ》は、早稲田《わせだ》大学第一文学部フランス文学科に合格《ごうかく》した。

入学して間もなく、自分たちの*2同人雑誌《どうしんざっし》をつくろうと、同じ学科の仲間が集まった。

この仲間との付き合いは六十代になるまで続き、集まっては酒を飲みながら文学論を語った。

その頃の早稲田《わせだ》大学には、たくさんの同人雑誌《どうじんざっし》のグループや学生劇団《げきだん》があった。ある日、路子《みちこ》は校内で声をかけられた。

「今度、うちの劇団では『*3ガラスの動物園』をやるのですが、

*1 越境《えっきょう》…ここでは、住んでいる場所に定められた学区の学校ではなく、ほかの通学区域《くいき》にある学校へ通うこと。

*2 同人雑誌《どうじんざっし》…同じ趣味《しゅみ》や志《こころざし》を持つ人が集まって、お金を出し合ってつくる雑誌《ざっし》。

*3 ガラスの動物園…アメリカの劇作家《げきさっか》テネシー・ウイリアムズの有名な戯曲《ぎきょく》。世界各地で上演されている。

主役のローラで出演してもらえませんか」

「わたしがですか？」

「ええ、ぴったりの役だと思うのですよ。とりあえず本を読んでみてください。」

渡《わた》された本を読んで路子《みちこ》の血が騒《さわ》いだ。

それから数か月、発声練習や柔軟体操《じゅうなんたいそう》など本格的な基礎訓練《きそくんれん》を含む稽古《けいこ》をかさねて、路子《みちこ》は＊4大隈講堂《おおくまこうどう》の舞台で、みごとに主役を演じきった。

「路子《みちこ》は気が多いのねえ。あれもこれもと首をつっこみすぎ。」

母と同じく、大学卒業後はすぐに結婚《けっこん》して家庭に入った姉からは、あきれられたりもしたが、路子《みちこ》は＊5すました顔だ。

「自分ができる範囲《はんい》でやっているだけよ。

それに、みんなから期待されるとそれに応《こた》えなきゃ悪いでしょ。」

＊4 大隈講堂《おおくまこうどう》…早稲田《わせだ》大学のキャンパス内にある講堂《こうどう》。

＊5 すました顔…平気な顔。しらん顔。

「あら、案外うぬぼれ屋なのね、路子《みちこ》は。」

「まあ、なんとでも言ってちょうだい。」

大学での生活は、その後の路子《みちこ》の人と人とのつながりを大切にする生き方の土台にもなっていった。

しかし、四年生の時の就職《しゅうしょく》活動で、路子《みちこ》は初めて現実《げんじつ》社会の壁《かべ》にぶつかってしまった。

ジャーナリスト[*1]を目指したかったが、就職課《しゅうしょくか》[*2]の掲示板《けいじばん》に並《なら》ぶマスコミ[*3]関係の会社の求人は、どれも「男子」が対象だった。

それでも、毎日掲示板《けいじばん》を確認《かくにん》しに行った路子《みちこ》は、ある日、ようやく「女子可《か》」[*4]の求人を見つけて心を躍《おど》らせた。

「あった！」

喜《よろこ》び勇んで履歴書《りれきしょ》[*5]を持って会社へ行くと、人事課《じんじか》[*6]の人からは、信じられないような言葉を投げつけられた。

「あなた、本気で女子が働けると思ったの。採《と》る気はないよ。」

＊1 ジャーナリスト…新聞社・出版社・放送局などに、報道《ほうどう》関係の記事を提供《ていきょう》する人。記者、編集者、寄《き》稿家《こうか》など。

＊2 就職課《しゅうしょくか》…学生の就職《しゅうしょく》の相談や手助けをしてくれる大学の部署《ぶしょ》。

＊3 マスコミ…新聞社・出版社・放送局など、不特定多数の人びとに大量の情報《じょうほう》を伝える組織《そしき》のこと。

＊4 女子可《か》…女性《じょせい》でもよい、ということ。

＊5 履歴書《りれきしょ》…その人の経歴《けいれき》を書いた書類。

＊6 人事課《じんじか》…会社で採用《さいよう》を担当《たんとう》している部署《ぶしょ》。

「で、でも、求人にはちゃんと『女子も可《か》』ってありましたが。」

「あれはまあ、形ばかりのものだね。女子は無理だよ。」

「そ、そんな……。」

（女というだけで、採《と》ってもらえないなんて、*7不条理《ふじょうり》すぎる。）

心の中は、くやしさでいっぱいだったが、どうしようもない。

すっかり気落ちしていた路子《みちこ》に、父が手を差しのべた。

「*8外務省《がいむしょう》で語学研修制度《けんしゅうせいど》がある。受かれば仕事ができるよ。」

「女性《じょせい》も大丈夫《だいじょうぶ》？」

「路子《みちこ》ともあろうものが、何を弱気なことを言っているんだ。仕事をしたいんだろう。

*9チャレンジするいい機会じゃないか。」

「語学も生かせるならやりたいです。

ありがとう、お父さま。」

*7 不条理《ふじょうり》…ものごとの道理、筋道《すじみち》に反すること。
*8 外務省《がいむしょう》…外交の事務《じむ》を担当《たんとう》する国の行政《ぎょうせい》機関。
*9 チャレンジ…挑戦《ちょうせん》。

（やるわよ。勉強する熱意は誰《だれ》にも負けない。）

それから路子《みちこ》は、英語と法律《ほうりつ》などの試験科目を猛勉強《もうべんきょう》した。

徹夜《てつや》を何日も続けた成果もあり、試験に合格《ごうかく》できた。

「路子《みちこ》、おめでとう。いよいよ社会人だね。」

「はい、全力でがんばります。」

三か月ほどすると国会が始まり、*1政府《せいふ》委員室で*2国会答弁《とうべん》用の書類作りの手伝いに行かされたりした。

その仕事ぶりを見ていたのが、*3スウェーデンから帰国して、*4待命《たいめい》中の*5S大使だった。

「S大使が、福田《ふくだ》さんに*6秘書《ひしょ》になってほしいとのことです。」

人事課からの思いがけない申し出に、路子《みちこ》は迷《まよ》った。

（秘書《ひしょ》は、人の手伝いをする仕事だ。これまで気ままにやってきたわたしにできるだろうか。）

心に引っかかるものを感じながら、路子《みちこ》は確《たし》かめた。

＊1 政府《せいふ》委員室…国会開会中に大臣が準備《じゅんび》をするほか、職員《しょくいん》が国会の事務局《じむきょく》との連絡《れんらく》や議員との連絡《れんらく》に当たる部屋。現在《げんざい》は「政《せい》府控室《ふひかえしつ》」という。

＊2 国会答弁《とうべん》…国会議員の質問《しつもん》に対して、大臣や副大臣などが答えること。

＊3 スウェーデン…北欧《ほくおう》のスカンディナヴィア半島にある国。

＊4 待命《たいめい》中…次の仕事や勤《きん》務地《むち》などが決まるのを待っていること。

＊5 大使…国を代表して、外国に派遣《はけん》されている最高位の外交官。

＊6 秘書《ひしょ》…要職《ようしょく》にある人について、書類の管理など仕事の補佐《ほさ》をする人。

「それは光栄ですが、わたしにそんな大役が務《つと》まるでしょうか。」

「もちろんです。大使はあなたに、とおっしゃっています。」

「わかりました。それでは、お受けいたします。」

（自分を必要としてくれているのだ。秘書《ひしょ》をやろう。）

外務省《がいむしょう》の赤いじゅうたんを歩いて執務室《しつむしつ》*7に向かう毎日が始まった。

机《つくえ》にどっさりと積まれた書類をながめながら考えた。

（こんな重要書類の管理も任《まか》されるなんて。わたしはやりがいのある仕事をしている。充実《じゅうじつ》した日びを送っているはずだ。）

ところが、その頃《ころ》激《はげ》しくなり始めた学生運動*8に、路子《みちこ》は、自分の本当の気持ちがふとわき上がってくるのを感じた。

（わたしが静かな部屋で仕事をする間に、外務省《がいむしょう》の前にはデモ隊*9が押《お》し寄《よ》せている。

その中には、かつての仲間や後輩《こうはい》たちもたくさんいる。

＊7 執務室《しつむしつ》…仕事をする部屋。ここでは大使の仕事部屋のこと。
＊8 学生運動…学生が主体となって、学生生活や政《せい》治《じ》に対して組織的《そしきてき》に行う社会運動。一九六〇年代から一九七〇年代にかけて盛《さか》んだった。
＊9 デモ隊…隊列を組んでデモを行っている人たち。デモは「デモンストレーション」の略《りゃく》で、自分たちの要求や抗議《こうぎ》を訴《うった》えるために、相手とする者に対して、集団で広く主張《しゅちょう》、宣伝《せんでん》する運動をさす。

自分たちの主義主張《しゅぎしゅちょう》のために声を上げている。なのに、わたしは、与《あた》えられた仕事をこなしているだけなのでは。）

同時に、学生時代からつきあっている恋人《こいびと》のことも浮《う》かんできた。彼《かれ》は、夢《ゆめ》を実現《じつげん》し、新聞社で記者として働いている。

（彼《かれ》も社会部[*1]で、市民の目線で記事を書こうとがんばっている。

だけど、わたしは、これが本当にしたい仕事なのだろうか。

それに、彼《かれ》からは結婚《けっこん》を申《もう》し込《こ》まれている。

もちろん、それを逃《に》げ道《みち》にするつもりはない。でも、やっぱり、このままではいけないような……。

自分が何をしたいのかもう一度考えよう。）

悩《なや》みに悩《なや》んだ路子《みちこ》は、ついに仕事を辞《や》める決心をした。

一か月間の引《ひ》き継《つ》ぎ[*2]を経《へ》たあと、路子《みちこ》は外務省《がいむしょう》を退職《たいしょく》した。

＊1 社会部…新聞社などで、社会で起きた事件《じけん》や事故《じこ》、災害《さいがい》などを担当《たんとう》する部署《ぶしょ》。

＊2 引《ひ》き継《つ》ぎ…職場《しょくば》が変わったり退職《たいしょく》したりする時に、仕事の内容《ないよう》ややり方を後任の人に伝えること。

第二章　テレジンとの出会い

❖コピーライターへの道

「野村《のむら》」という姓《せい》となり、結婚《けっこん》生活を始めた路子《みちこ》だったが、夫も路子《みちこ》がすんなりと家庭に入るとは思っていなかった。

「どうだい？　路子《みちこ》。デザイン事務所《じむしょ》[*1]で働く気はないか。最近創立《そうりつ》された総合《そうごう》デザイン事務所《じむしょ》でコピーライター[*2]がほしいと言っている。」

「へえ。時代の最先端《さいせんたん》を行く、まったく新しいジャンルの会社なんだ。わたし、やってみたい。たのんでもらえるかな。」

自由と活気にあふれる新しい職場《しょくば》で、路子《みちこ》は、新聞や雑誌《ざっし》の広告《こうこく》の文案の作成などを任《まか》された。

＊1　デザイン事務所《じむしょ》…雑誌《ざっし》や広告《こうこく》などのデザインを手がける会社。

＊2　コピーライター…広告《こうこく》物《ぶつ》に使用される文章や言葉（コピー）をつくる人。

「野村《のむら》さん、なかなかいいセンスをしてるじゃない。」

上司からの期待も大きく、路子《みちこ》は張《は》り切《き》った。

（発想力や表現力《ひょうげんりょく》を生かせる仕事に出会えて、本当によかった。

まだまだかけ出し[*1]だけど、もっといいものを書きたい。

それに、妻《つま》としてだけではなく、社会人として認《みと》めてくれた夫には感謝《かんしゃ》しかない。

その気持ちにも応えなくては……。）

一九六〇年代、日本は経済《けいざい》大国[*2]への道を歩み始めていた。

（女性《じょせい》でも、こうして社会に進出することはできるんだ。）

次第に自信をつけていった路子《みちこ》だったが、結婚《けっこん》二年後には長女、そのあと四年で二女が誕生《たんじょう》した。

（さて、どうしよう。仕事と育児の両立はできるだろうか。）

悩《なや》んだ路子《みちこ》に、会社は自由のきく在宅勤務《ざいたくきんむ》[*3]を認《みと》めてくれた。

「野村《のむら》さんは大きな戦力だ。家庭との両立をがんばって。」

＊1 かけ出し…その仕事についたばかりの人のこと。

＊2 経済《けいざい》大国…ほかの国ぐにとくらべて、経済的《けいざいてき》発《はっ》展《てん》がめざましく、国民総《そう》生産《せいさん》や貿易《ぼうえき》黒字がきわめて大きい国。強大な経済《けいざい》力をもつ国。

＊3 在宅勤務《ざいたくきんむ》…自宅《じたく》で会社の仕事をすること。

「ありがとうございます。ご迷惑《めいわく》はかけません。」

そんなふうに、仕事も育児も順調にこなしていたある日、夫から告《つ》げられた。

「転勤《てんきん》[*4]の辞令《じれい》[*5]が出たよ。今度は大阪勤務《おおさかきんむ》になる。」

「関西《かんさい》か。わかった。」

家庭を守りながら仕事もするのが路子《みちこ》のやり方だ。

路子《みちこ》は、東京《とうきょう》での仕事を辞《や》めて、一家で大阪《おおさか》へ引《ひ》っ越《こ》した。

(今度はフリー[*6]で仕事がしたいけれど、大阪《おおさか》にはなんの人脈《じんみゃく》もコネ[*7]もない。どうしたらいいのだろう。)

すると、夫の関係で家に来る人が、路子《みちこ》がコピーライターをしていたことを知り、教えてくれた。

「『グラフ日本』という会社が編集《へんしゅう》の人材を求めていますよ。」

「どんな会社なんでしょう。」

「地元に根づいた季節の行事や人物を取材するんです。」

---

*4 転勤《てんきん》…勤務《きんむ》する場所が変わること。

*5 辞令《じれい》…業務や転勤《てんきん》などを指示することばを書いて、本人にわたす文書。

*6 フリー…会社などに所属《しょぞく》せずに働いている人のこと。

*7 コネ…つながりや縁故《えんこ》。「コネクション」の略《りゃく》。

銀行のロビーなんかに置かれている雑誌《ざっし》を作っています。」

「それはおもしろいですね。お願いします。」

路子《みちこ》の好奇心《こうきしん》がまたまた頭をもたげてきた。入社するとすぐに〈ふるさと発見〉〈小さな旅〉などのシリーズを任《まか》された。

いっしょに取材に行くカメラマンとは、よく話した。

「取材って、その土地で暮《く》らすいろんな人たちと出会えるから、わくわくする。

その人にしかないエピソードや歴史《れきし》を、きちんと読者に伝えなきゃならない責任《せきにん》も大きいけど。」

「野村《のむら》さんはバッチリですよ。

人から話を引き出すのが実に上手《じょうず》だから。ぼくも、取材する人たちのいい表情《ひょうじょう》を撮《と》りますね。」

「いっしょにインパクト[*1]のある記事を作りましょう。」

路子《みちこ》は毎日、取材に励《はげ》んだ。

（有名な人物の取材を希望する人は多いだろうけど、わたしは、無名でも魅力《みりょく》ある人物や、あまり知られていない物事に光を当てたい。）

それから数年して、夫が東京《とうきょう》への帰任《きにん》[*2]を命じられた。

ちょうどこの時、路子《みちこ》は社長からたのまれていた。

「あんた、経営面《けいえいめん》もあわせて会社を引《ひ》き継《つ》いでくれへんかな。」

「実は社長。今度、夫が東京《とうきょう》に転勤《てんきん》になりまして。」

「いやぁ、本当に残念やな。

でも、あんたならどこに行ってもいい本はつくれるやろ。

またどこかで、新しいものをつくったらどうかな。楽しみにしとるわ。」

「社長。本当にすみません。良い経験をさせていただきました。」

＊1 インパクト…衝撃《しょうげき》や影響《えいきょう》。

＊2 帰任《きにん》…一時離《はな》れていた自分の任地《にんち》や任務《にんむ》に戻《もど》ること。

*1後《うし》ろ髪《がみ》を引かれる思いで、路子《みちこ》は家族と大阪《おおさか》をあとにした。新しい家は路子《みちこ》の戦後からのふるさと、埼玉県大宮市《さいたまけんおおみやし》の、父の住む家の近くだ。

そんな路子《みちこ》に、一九七七年、宮城県石巻市《みやぎけんいしのまきし》にある石巻《いしのまき》信用金庫から創業《そうぎょう》五十周年の記念誌《きねんし》制作《せいさく》の依頼《いらい》が入った。

路子《みちこ》は、地元の制作《せいさく》スタッフ*2と協力しながら、『グラフふるさと78'石巻《いしのまき》特集』*3を刊行《かんこう》した。

その編集後記《へんしゅうこうき》には、路子《みちこ》のまっすぐな気持ちが記されている。

『人の誠意《せいい》をあてにした仕事はプロではない……そんな苦言を友人から受けたことがある。しかし、私《わたし》自身大きな出版社《しゅっぱんしゃ》に属《ぞく》さずに取り組んでいるのは、資本《しほん》の力や知名度に頼《たよ》った仕事をしたくない、私《わたし》自身が誠意《せいい》をもってぶつかって行くことによって、理解《りかい》し、受け入れていただき、本当に血の通ったふれあいの中での仕事をして行きたいという願いからなので

---

*1 後《うし》ろ髪《がみ》を引かれる…未練や心残りがあり、きっぱり断念できない様子。

*2 スタッフ…仕事を担当《たんとう》する人。

*3 刊行《かんこう》…発行。

ある。私《わたし》たちはあくまで書き手、あるいは整理係であって、地元の人々の話の中で本を創《つく》り上げて行く――。そうした出《しゅっ》版《ぱん》の趣旨《しゅし》だけは、今回も貫《つらぬ》き通《とお》したと思う。』

路子《みちこ》のこうした思いが、このあと約十年後に巡《めぐ》り合《あ》ったテレジンにまつわる活動を支《ささ》える原動力となっていくのである。

❖娘《むすめ》との東欧《とうおう》[*4]旅行で

「今日がエッセイ[*5]の締《し》め切《き》りで、明日も明後日も裁判所《さいばんしょ》だわ、取材の予定を組み直さなければ。」

路子《みちこ》がにらめっこしているスケジュール[*6]帳には、予定がぎっしりと書きこまれていた。

　ずっと続けてきた『グラフふるさと』の編集《へんしゅう》に加え、新聞・雑誌《ざっし》にエッセイやルポルタージュ[*7]の執筆《しっぴつ》、さらには、家庭裁判《かていさいばん》所《しょ》の家事調停員にも任命され大忙《おおいそが》しだ。

＊4 東欧《とうおう》…東ヨーロッパのこと。

＊5 エッセイ…随筆《ずいひつ》（80ページ）のこと。

＊6 スケジュール…予定。

＊7 ルポルタージュ…28ページ脚注《きゃくちゅう》参照。

路子《みちこ》の仕事の幅《はば》は広がり続け、その情熱《じょうねつ》は衰《おとろ》えることはなかったが、気がつけば五十歳《さい》を過《す》ぎていた。

そんな母の働く姿《すがた》を小さい頃《ころ》から見てきた娘《むすめ》たちは、それぞれの道を決めて大学で勉強、就職《しゅうしょく》活動にも励《はげ》んだ。

のちにバブル景気[*1]といわれた一九八〇年代後半だったが、その当時、景気は上昇《じょうしょう》し続けていた。雇用環境《こようかんきょう》も、路子《みちこ》の頃《ころ》とはまったく変わり、一九八六年に「男女雇用《こよう》機会均等法《きんとうほう》」[*2]ができた。「キャリアウーマン」[*3]という語も生まれるなど、女性《じょせい》の社会進出はめざましくなってきた。

長女は一九八五年、大学を卒業して就職《しゅうしょく》。社会人として独立《どくりつ》した。

その四年後の一九八九年二月、就職《しゅうしょく》が決まって卒業を待つばかりの二女・麻紀《まき》から路子《みちこ》は突然誘《とつぜんさそ》われた。

「ママ。わたし、卒業旅行をしたいんだけど、いっしょに行か

＊1 バブル景気…株や不動産の価格《かかく》が本来の価値《かち》以上に上昇《じょうしょう》して起こった好景気。

＊2 男女雇用《こよう》機会均等法《きんとうほう》…雇用《こよう》や待遇《たいぐう》に関して男女の差がないようにすることを目標とする法律《ほうりつ》。

＊3 キャリアウーマン…職業《しょくぎょう》をもつ女性《じょせい》。特に専門《せんもん》的《てき》な知識《ちしき》や技術《ぎじゅつ》をいかして第一線で働く女性《じょせい》。

ない？」

「何よ、急に。いつもなら一人で行ってるでしょう。」

「東ヨーロッパへ行ってみたいのよ。西ヨーロッパは一人で行けたけれど、東はまだ一人で行くのはちょっと不安。」

「良いわね、わたしも行ってみたいわ。」

賛成はしたものの、当時、東ヨーロッパへ行くのは大変だった。目的の国それぞれの大使館に出向いてビザを取り、事前にホテルの予約をしなければならないのだ。語学の得意な麻紀《まき》が大いに力を発揮してくれた。

いずれも寒い国だ。日本では使ったことないような厚手のセーターや手袋《てぶくろ》を準備し、大量の使《つか》い捨《す》てカイロを用意して、二人はポーランド[*4]、ハンガリー[*5]、チェコスロヴァキア[*6]（当時）への旅に出た。当時、これら社会主義《しゅぎ》[*7]の国への団体《だんたい》ツアーはほとんどない。二人だけの旅だ。

1980年代末の東ヨーロッパの地図。

＊4 ポーランド…東ヨーロッパにある国。
＊5 ハンガリー…東ヨーロッパにある国。
＊6 チェコスロヴァキア…東ヨーロッパにあった国。一九九三年にチェコとスロヴァキアに分かれた。
＊7 社会主義《しゅぎ》…土地・原料・機械などの生産手段《しゅだん》の私《し》有《ゆう》をやめて（制限《せいげん》して）、平等な社会を実現《じつげん》しようとする考え方。

ポーランドで訪《おとず》れたのは、アウシュヴィッツ[*1]絶滅収容所《ぜつめつしゅうようじょ》の跡《あと》地《ち》だ。第二次世界大戦《だいにじせかいたいせん》中、ナチス[*2]＝ドイツは八千から九千ともいわれる収容所《しゅうようじょ》をつくったが、アウシュヴィッツ絶滅収容所《ぜつめつしゅうようじょ》はその中で最も知られている。

今では、一年を通じてたくさんの人が訪《おとず》れるが、この時代には、見学者はほとんどいなかった。しかも極寒《ごっかん》の時期だ。

この日、跡地《あとち》の門をくぐったのは路子《みちこ》母子だけだった。

「まるで、地の果てに来たみたい。」

路子《みちこ》は思わずつぶやいた。

かつて、ナチスによる「ホロコースト」で六百万人以上のユダヤ人が殺された。ここでも正確《せいかく》な数はわからないほど多くの人たちがガス室[*3]に送られて命を奪《うば》われた。

その残虐《ざんぎゃく》な歴史を伝えるために今でも残されている部屋を見てまわった二人は、積まれている遺品《いひん》の数かずに言葉を失った。

*1 アウシュヴィッツ絶滅《ぜつめつ》収容所《しゅうようじょ》…第二次世界大戦《だいにじせかいたいせん》中にナチス＝ドイツがつくった絶滅収容所《ぜつめつしゅうようじょ》。収容《しゅうよう》された人の多くはユダヤ人で、最大級の犠牲者《ぎせいしゃ》を出した。

*2 ナチス…全体主義《しゅぎ》的独《どく》裁政治《さいせいじ》を進めた政党《せいとう》。反ユダヤ主義《しゅぎ》を掲《かか》げ、ユダヤ人の追放《ついほう》・虐殺《ぎゃくさつ》などを強行した。ナチ党《とう》。

*3 ガス室…毒《どく》ガスを使って、中に入れられた人を殺《ころ》す部屋。

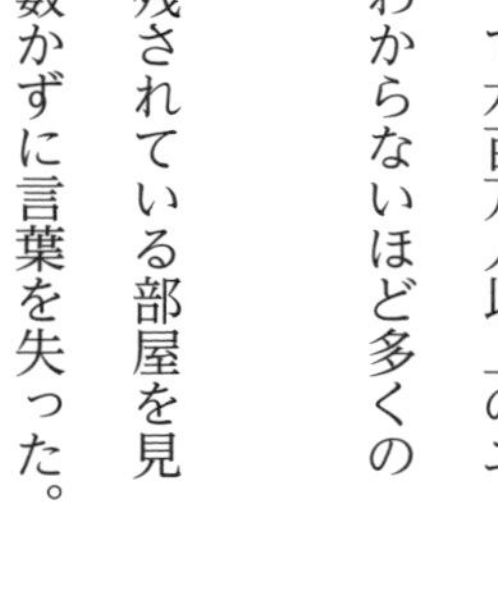

1989年頃《ごろ》の収容所跡地《しゅうようじょあとち》地図。

ホロコースト

ホロコーストの実態《じったい》はとても悲惨《ひさん》なものでした。

収容所《しゅうようじょ》に送られたユダヤ人

ホロコーストとは、第二次世界大戦《だいにじせかいたいせん》中にナチス・ドイツによって行われたユダヤ人の大量虐殺《ぎゃくさつ》のことです。

1942年1月の会議で、ナチス・ドイツはユダヤ人を殺《ころ》して全滅《ぜんめつ》させることを決定しました。そこで、それまでの方法で一人ずつ殺《ころ》していては手間がかかるため、一度に大勢のユダヤ人を殺《ころ》すための絶滅収容所《ぜつめつしゅうようじょ》を、ドイツ占領地《せんりょうち》の6か所に建設《けんせつ》しました。

中でも最も有名なものがポーランドにつくられたアウシュヴィッツ絶滅収容所《ぜつめつしゅうようじょ》です。貨物列車で運ばれたユダヤ人は、強制《きょうせい》労働をさせられる者をのぞいて、ガス室に入れられ、毒《どく》ガスで殺《ころ》されました。ホロコーストで犠牲《ぎせい》になったユダヤ人は600万人以上ともいわれています。

アウシュヴィッツ絶滅収容所《ぜつめつしゅうようじょ》内にあるユダヤ人の死体を焼《や》いた焼却炉《しょうきゃくろ》。（写真：PIXTA）

アウシュヴィッツ絶滅《ぜつめつ》収容所《しゅうようじょ》の入り口。貨物列車に乗せたユダヤ人たちを直接収容所《ちょくせつしゅうようじょ》内に運んだ。（写真：PIXTA）

靴《くつ》もカバンも歯ブラシも櫛《くし》も、何もかもが山ほど積み上げられている。驚《おどろ》いたのは髪《かみ》の毛の山だった。色あせたリボンがついたままの三つ編《み》《あ》みの髪《かみ》もあり、その横には、髪《かみ》の毛《け》で織った布もあった。ドイツの潜水艦《せんすいかん》では敷物《しきもの》代わりに使われていたという。障《しょう》がいのある人には欠かせないはずの義手《ぎしゅ》や義足《ぎそく》も大量に積み上げられていた。

幼《おさな》い子どもが持っていたのだろう人形もあれば、小さな小さな布の靴《くつ》もあった。

「信じられない。人間がここまで残酷《ざんこく》になれるなんて。」

胸《むね》に浮《う》かんできたのは、自身の戦争体験だった。

あの三月、春先のまだ寒い中で空襲《くうしゅう》にあい、土手《どて》で一晩《ひとばん》を過《す》ごした。そのあげく、家を焼《や》かれた。住む所がなくなった悲しさや恐《おそ》ろしさ、その後の疎開先《そかいさき》での経験《けいけん》を忘《わす》れたことはない。

（でも、わたしの家族はみんな無事だった。疎開《そかい》はしたけれど、

＊1 三つ編《み》《あ》み…髪《かみ》を三つの束に分け、真ん中の束を左右から交互《こうご》に編《あ》んでいく髪型《かみがた》。

この人たちのように、無理やり連れて行かれることはなかった。）

虫けら[*2]のように命を絶《た》たれた人たちの無念の思いが、この荒《こう》涼《りょう》とした建物の中にあふれている。「人間として」生きたかった人たちの気配を感じるような気がした。

ナチスによってかつて行われていた、言葉で言《い》い尽《つ》くせないほど非《ひ》人間的、非《ひ》人道的な行為《こうい》をそれぞれの胸《むね》に刻《きざ》みつけた。

ポーランドの古い都、クラクフで一日を過《す》ごすと、ハンガリーのブタペストに三日間滞在《たいざい》。そこから夜行列車でチェコスロヴァキアのプラハ[*3]へと向かった。

❖これはなんの絵？

プラハへ入った日は、第二次世界大戦《だいにじせかいたいせん》が終わったあと、一九四八年にチェコスロヴァキアが、社会主義宣言《しゅぎせんげん》をした記念日

＊2 虫けら…とても軽く扱《あつか》われているものの例え。

＊3 プラハ…当時はチェコスロヴァキアの首都。現在《げんざい》はチェコの首都。

だった。

　プラハの街は、プラカードを持ったり、*1赤旗《あかはた》を振《ふ》ったりする労働者たちが入り乱《みだ》れるものすごい人出だった。見学しようと計画していた教会などにはまったく入れそうにもなかった。

「もみくちゃにされちゃう。」

「ホテルへ戻《もど》ろうか。」

　仕方なく、ふたりで表通りを歩いていくと、一本の横道が目に入った。すりへった石畳《いしだたみ》が続く道は、人通りもまばらだ。

「ここはどこだろう。」

　ひと息つきながら、路子《みちこ》が地図を開いて確認《かくにん》すると、*2「旧《きゅう》ユダヤ人街」の一部だった。さらに進むと、古い墓地《ぼち》があった。

　字が消えかけている墓石《ぼせき》を見た路子《みちこ》が言った。

「これは、*3ヘブライ語ね。ユダヤ人の古いお墓《はか》。」

「この人たちの子孫はみんな、ナチスに殺《ころ》されてしまったんだ。

*1 赤旗《あかはた》…社会主義《しゅぎ》や共産《きょうさん》主義《しゅぎ》を象徴《しょうちょう》する旗《はた》。共産《きょうさん》主義《しゅぎ》は社会主義《しゅぎ》の一つで、生産手段《しゅだん》も利益《りえき》も全員で共有しようという考え。

*2 旧《きゅう》ユダヤ人街…かつてユダヤ人が住んでいた街。ユダヤ人はユダヤ教を信じる人びとのことで、イスラエル人・ヘブライ人ともいう。

*3 ヘブライ語…かつてユダヤ人が使っていた言語。

だからお墓《はか》を世話する人がいないのかも。」

アウシュヴィッツを思い返しながら、麻紀《まき》が答えた。

墓地《ぼち》の隣《となり》には石造りの小さな建物がある。入り口には店番のようなおばさんがいたが、どうやら自由に見学ができる博物館のようだ。誰《だれ》もいない館内には、子どもの絵が展示《てんじ》されていた。チョウチョウが飛んでいる絵。遊園地のメリーゴーラウンドの絵。えんとつのある家の絵など……。

どれも、決して特別上手でもない、なんの変哲《へんてつ》[*4]もないものばかりだが、路子《みちこ》は、ふと気がついた。

多くの絵は、クレヨンが途中《とちゅう》で途切《とぎ》れ、紙は画用紙ではなく、何かの裏紙《うらがみ》を使っているようだ。しかも、かなり古びている。

（なんのために、こうした絵を展示《てんじ》しているのだろう。）

いぶかしく[*5]思いながら見ていた路子《みちこ》は、一枚《まい》の絵の前で立ちすくんだ。

＊4　変哲《へんてつ》もない…これといって変わったところがない。

＊5　いぶかしく…疑《うたが》わしく思ったり、不審《ふしん》に思ったりする様子。

それは、胸《むね》に星の印をつけた人が、木組みからつるされたなわを首にかけられ引っぱられた瞬間《しゅんかん》が描《えが》かれた絵だった。星の印は、ユダヤ民族を象徴《しょうちょう》する「ダビデの星」[*1]だ。

（一体、この絵は何？）

路子《みちこ》は、背筋《せすじ》に寒さを覚えながら、説明書きを読もうとした。しかし、説明は、チェコ語、スロヴァキア語、ロシア語、ヘブライ語が並《なら》んでいるだけでまったく読めない。

（英語のパンフレットはないのかな。）

「あのう、すみません。ちょっと聞きたいのですが。」

路子《みちこ》は急いで、入り口のところにいたおばさんに声をかけたが、英語は通じない。そこ

ヨセフ・ノヴァーク（1931年10月25日生まれ）。1944年5月18日アウシュヴィッツへ。

13歳にもならない少年ヨセフ・ノヴァークの作品。首をつられる人を描《えが》いた絵はかなり衝撃《しょうげき》的《てき》。この少年の絵は3枚《まい》あるが、いずれも鉛筆《えんぴつ》で描《えが》かれた収容所《しゅうようじょ》の姿《すがた》。首をつられる人の胸《むね》のダビデの星が濃《こ》く描《えが》かれていることに、少年の怒《いか》りが感じられる。（野村路子《のむらみちこ》）

で外へ出た。時おり行き交《か》う人たちにたずねていくうちに、やっと英語を話せる人が見つかった。

「この博物館のことを知りたいのですが。」

「それなら、この博物館の事務所《じむしょ》が向こうにありますよ。」

「ありがとうございます。聞いてみます。助かりました！」

かけこんだ事務所《じむしょ》には、英語が話せる事務員《じむいん》さんがいた。

「博物館のパンフレットがありますよ。

ただし、英語のものはなくて、チェコ語とスロヴァキア語とロシア語ですが。」

「それはわたしには読めないのですが。」

がっかりした路子《みちこ》を気《き》の毒《どく》に思ったのか、事務員《じむいん》さんは、しばらく奥《おく》で何やら探《さが》していたかと思うと、ようやく出てきて、おずおずと差し出した。

「ほかの言語だと、もうこれしかありませんねえ。」

＊1　ダビデの星…二つの三角形を逆《ぎゃく》に重ねた形の印。ユダヤ人やユダヤ教の象《しょう》徴《ちょう》。

「わあ、これなら大丈夫《だいじょうぶ》です。ありがとうございます。」

それは、大学で専攻《せんこう》したフランス語だった。今回の旅にフランス語圏《けん》はなかったが、念のために仏和辞典《ふつわじてん》*1も持ってきていた。

「麻紀《まき》、お待たせ！　フランス語のパンフレットがあった。これであの絵たちのことがわかる。」

「ママ、よかったね。」

麻紀《まき》は、母の取材魂《だましい》に火がついたのを感じながら答えた。麻《ま》紀《き》が思ったとおりだった。その晩《ばん》、夕食をすませると、路子《みちこ》はホテルの一室で辞典《じてん》と首っ引《くび》《ぴ》き*2でパンフレットを読み始めた。

これが、路子《みちこ》とテレジンとの運命の出会いとなった。

❖**テレジン収容所《しゅうようじょ》**
路子《みちこ》は、パンフレットを丹念《たんねん》にたどっていった。そこに書かれていたのはだいたい次のような記述《きじゅつ》だった。

＊1　仏和辞典《ふつわじてん》…フランス語の単語に相当する日本語の単語をあてた対訳辞典《たいやくじてん》。
＊2　首っ引《くび》《ぴ》き…ものごとに向き合って、そのことばかりやっていること。

――テレジンは、プラハの北六十キロメートルほどのところにある街で、十八世紀後半、オーストリアを治めていた＊3マリア・テレジアが守備隊の駐屯地《ちゅうとんち》として大きな＊4軍事要塞《ようさい》をつくったことから、その名がとられている。

＊5第一次世界大戦《だいいちじせかいたいせん》の時は＊6捕虜収容所《ほりょしゅうようじょ》として使われていたが、その後、ナチス＝ドイツがチェコスロヴァキアを併合《へいごう》すると、一九四一年からは、ナチスに抵抗《ていこう》する＊7政治犯を収容《しゅうよう》、その後ユダヤ人を収容《しゅうよう》する収容所《しゅうようじょ》になった。名前もドイツ語で「テレージエンシュタット」と変えられたが、すぐに手狭《てぜま》になり、隣接《りんせつ》する街に住む人口六千人をすべて強制的《きょうせいてき》に転居させて、そこをユダヤ人の強制収容所《きょうせいしゅうようじょ》にした。

最終的に送られてきたユダヤ人は、約十四万四千人で、そのうち三万三千人が病気、飢《う》え、暴行《ぼうこう》や＊8拷問《ごうもん》で命を絶《た》たれ、約八万八千人がアウシュヴィッツなどに送られてガス室で殺《ころ》された。

＊3マリア・テレジア（一七一七〜一七八〇年）…オーストリア大公（在位《ざいい》一七四〇〜一七八〇年）。マリー・アントワネットの母。

＊4 軍事要塞《ようさい》…要所につくられた軍事的防備施設《ぼうびしせつ》。

＊5 第一次世界大戦《だいいちじせかいたいせん》…一九一四年〜一九一八年に起こった世界規模《きぼ》の戦争。ヨーロッパの多くの国が巻《ま》き込《こ》まれた。

＊6 捕虜《ほりょ》…敵国《てきこく》に捕《と》らえられた兵士《へいし》や一般人《いっぱんじん》。

＊7 政治犯《せいじはん》…国家の政治《せいじ》、秩序《ちつじょ》を侵害《しんがい》する犯罪《はんざい》を行った人。

＊8 拷問《ごうもん》…肉体的・精神的《せいしんてき》な苦痛《くつう》となる行為《こうい》を強制《きょうせい》されること。

その中で、子どもたちの数は一万五千人、結局、生き残れたのは百人だけだった。

そのテレジンで、十歳《さい》から十五歳《さい》までの子どもたちは親と離《はな》され、「男の子の家」「女の子の家」に分けられた。

食べ物もわずかしか与《あた》えられない状態《じょうたい》で、朝からずっと畑仕事をさせられた。夜は、粗末《そまつ》な三段《だん》ベッドにぎゅうぎゅうづめ[*1]で押《お》し込《こ》まれ、ぼろ布《ぬの》のような薄《うす》い毛布《もうふ》で寝《ね》るしかない。

ナチスは子どもだからといって決して容赦《ようしゃ》[*2]はしなかった。

むしろ、「ユダヤ人は劣《おと》った民族なので全滅《ぜんめつ》にする」という身勝手な考えと計画をたて、進んで子どもまで「始末」[*3]していった。

そんな過酷《かこく》な状況《じょうきょう》の中でも、別の建物に収容《しゅうよう》されていた大人たちは、子どもたちのことを真剣《しんけん》に思いやった。

栄養失調でたおれたり病気になったりすると、もう使い物に[*4]ならないとされて、アウシュヴィッツに送られてしまう。

＊1 ぎゅうぎゅうづめ…余裕《よゆう》がまったくないほど、たくさんつめ込《こ》むこと。

＊2 容赦《ようしゃ》しない…大目に見ない。ゆるさない。

＊3 始末…ここでは、殺《ころ》すこと。

＊4 使い物にならない…役に立たない。

子どもたちは、慣れない労働のつらさと、いつ自分が送られるのかという不安や恐怖《きょうふ》で、誰《だれ》もが笑顔《えがお》を忘《わす》れていた。

「このまま子どもたちを死に追いやりたくはない。」

「子どもたちに希望を失ってほしくない。」

「何か自分たちでできることはないだろうか。」

大人たちは、勇気を出してドイツ軍にたのんだ。

「労働のあと、ほんの少しの時間でいいから、子どもたちの『教室』を開かせてください。」

命がけの交渉《こうしょう》の結果、「歌とゲームだけならいい。」との許可《きょか》は出た。

だが、読み書き[*5]などは一切禁止《きんし》。もしも見つかったら、すぐに処刑《しょけい》される。それでも、何もかも取り上げられてしまった子どもたちに、学校でやるようなことを何かさせてあげたい。

「わたしは絵を教えたい。絵を描《か》くことは生きる力になるはず

＊5　読み書き…文字や文章を読むことと、書くこと。

です。」

そう言って、絵の教室を開きたいと申《もう》し出《で》たのは、フリードル・ディッカーだ。ドイツやオーストリアのウィーンで画家として活躍《かつやく》していた当時四十四歳《さい》のユダヤ人の女性《じょせい》だった。

フリードル先生は、常にほほえみを絶《た》やさず、子どもたちのもとにやって来た。

収容所《しゅうようじょ》に着いた時、番号札《ふだ》を首からかけられ、いつも番号で呼《よ》ばれていた子どもたちに、先生は明るく教え続けた。

「みんなには、一人ずつ親からもらった名前があるの。

絵を描《か》いたら名前を書きましょうね。

今日はつらいけど、明日はきっといい日になるわ。

さあ、目をつむって思い出すの。

フリードル・ディッカー・ブランディズ

＊1 骸骨《がいこつ》…骨《ほね》だけになった死体。

あの楽しかった日びのことを。」昼間は畑仕事でくたくた、しかも、食事は腐《くさ》りかけたジャガイモのスープだけの子どもたちは、フリードル先生の言葉に目を輝《かがや》かせた。一瞬《いっしゅん》だけでも人間らしさを取《と》り戻《もど》せる時間だった。子どもたちは週に二回、フリードル先生が来てくれるのを心待ちにするようになった。

ここに連れて来られるまでの家族や友だち、平和で楽しかったさまざまな出来事を絵にしていった。

だが、どうしても、楽しい思い出の絵を描《えが》くことができず、実際《じっさい》に見てしまった、人が首をくくられる光景や、*1骸骨《がいこつ》のようにやせ衰《おとろ》えた人たちの絵など、恐《おそ》ろしい絵を描《か》いた子たちもいた。

ドイツが敗戦して、テレジン収容所《しゅうようじょ》が解放《かいほう》された

時、そこには四千枚《まい》の絵と数十枚《まい》の詩の原稿《げんこう》が残されていた。

その絵が、現在《げんざい》、この「ユダヤ博物館」に保管されている。


路子《みちこ》は、パンフレットを静かに閉《と》じると大きく息をはいた。

（あそこに飾《かざ》られていた絵は、こんなにもつらく悲しく残酷《ざんこく》な状況《じょうきょう》の中で描《か》かれたものだったんだ。）

窓《まど》の外は白じらと明け始めていた。もう朝だった。

❖路子《みちこ》の決意

「おはよう。」

麻紀《まき》は、隣《となり》のベッドが使われていないのを見て、声を上げた。

「ママったら、徹夜《てつや》したの？」

「うん。これを読むのに一晩《ひとばん》かかっちゃった。」

徹夜《てつや》して読んだパンフレットに書かれていた内容《ないよう》の重さと衝《しょう》

撃《げき》のせいだろう。眠気《ねむけ》はまったく感じない。それよりも、いた[*1]たまれない気持ちが路子《みちこ》の頭と心をいっぱいにしていた。

「ママはこれから、昨日《きのう》の博物館に行ってくる。もう一度、あの絵を見たいから。」

「了解《りょうかい》。でもとにかく無理はしないでよ。ほら、飲んで」

そう言いながら、麻紀《まき》は入れたコーヒーを路子《みちこ》に差し出した。

「ありがとう。」

娘《むすめ》の優《やさ》しさに感謝《かんしゃ》しながら、朝食もすませた路子《みちこ》は、再《ふたた》びユダヤ博物館に足を向けた。

昨日《きのう》は偶然《ぐうぜん》に入った建物が、今朝はまったくの別物[*2]として路《みち》子《こ》を迎《むか》えた。展示《てんじ》されている絵たちは、まるで路子《みちこ》が来るのを知っていたように、それぞれの存在感《そんざいかん》を持って迫《せま》ってくる。

テレジン収容所《しゅうようじょ》で死を待つばかりだった子どもたちが、幸せな日常《にちじょう》にいた頃《ころ》を思い出しながら描《か》いた楽しい絵。住んでいた

＊1 いたたまれない…その場にじっとしていられない気持ち。同情《どうじょう》したり、はずかしさを感じたりしている時などに使う。

＊2 別物…別の物。

家の庭に咲《さ》いていた美しくあざやかな花の絵。

それとは反対に、首をつられている人の絵。骸骨《がいこつ》のようにやせこけた人間がたくさん並《なら》んでいる絵。チョウチョウが高い塀《へい》を越《こ》えて、飛んでいこうとするのを描《か》いた絵……。

（どれもこれもが、その時その瞬間《しゅんかん》に、子どもたちが言葉では表現《ひょうげん》しきれない自分の心の中を映《うつ》し出《だ》したものばかりだ。）

そんな思いを改めて感じながら、路子《みちこ》ははっと気がついた。

多くの絵に、名前が書かれていたのだ。

路子《みちこ》は、パンフレットの中の文章を思い返した。

ドイツ兵《へい》から、数字でしか呼《よ》ばれていなかった子どもたちに、フリードル先生は優《やさ》しく教えた。

「あなたたちには、両親からつけてもらった自分だけの名前があるの。だから、絵にはちゃんと名前を書くのよ。」

『ルース・ハイノヴァー、パヴェル・ゾネンシャイン、キッティ・

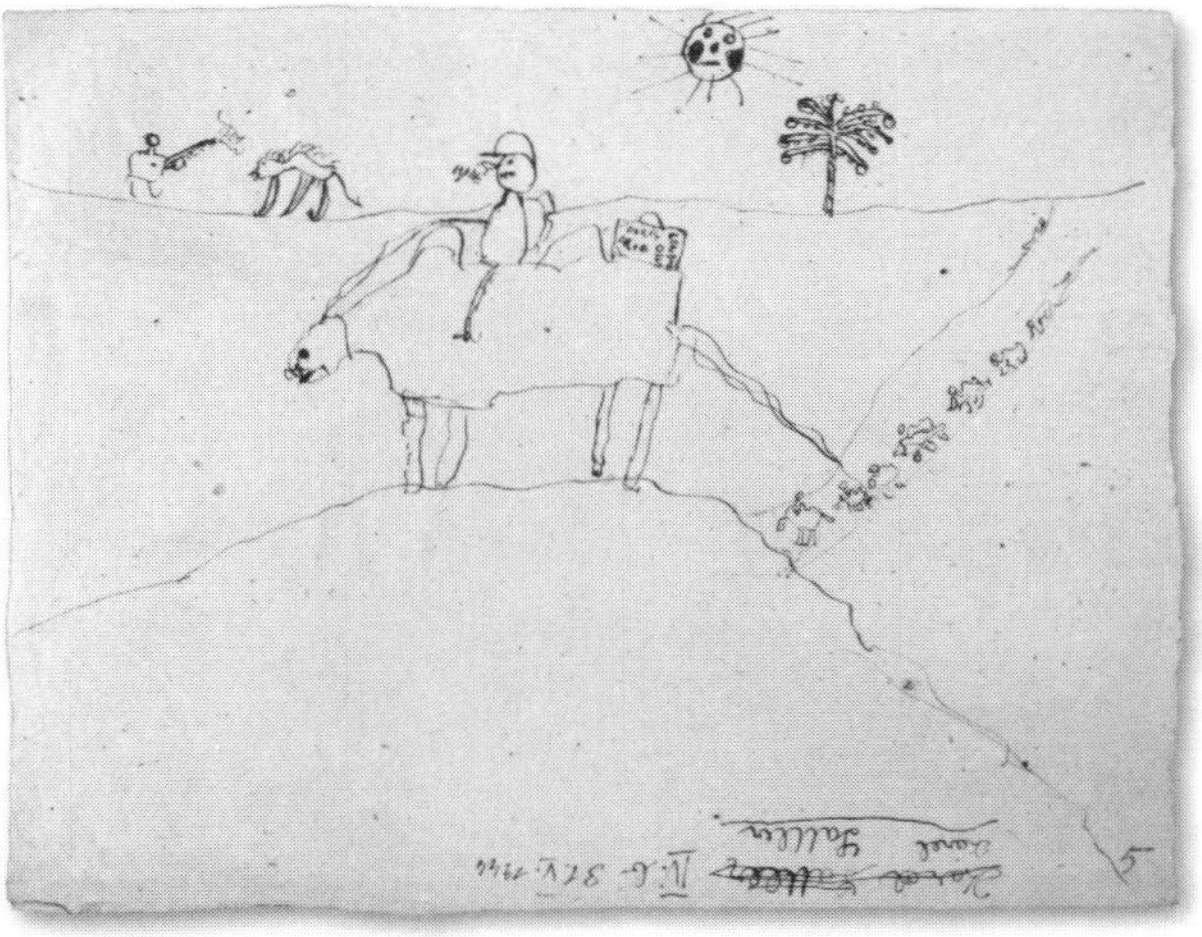

カレル・サットレル（1932年11月16日生まれ）。1944年10月4日アウシュヴィッツへ。

ヤシの木やラクダ。同じようなものを描《か》いた絵は何点かある。まだ見ぬ土地、両親などからユダヤ人の「約束された土地」（イスラエル）ということを聞いていたのだろうか。（野村路子《のむらみちこ》）

ヴェラ・ランドヴァー（1930年12月25日生まれ）。生還《せいかん》。

家で暮《く》らしていた頃《ころ》に読んでいた、大好きだった本？　それとも、もっと幼《おさな》かった頃《ころ》、ベッドでお母さんから聞かせてもらったお話？　この絵からは、子どもの精神状態《せいしんじょうたい》が安定したものだったことが想像《そうぞう》できる。（野村路子《のむらみちこ》）

ブルネロヴァー、ドリス・ワイゼロヴァー……。』

しかし、路子《みちこ》には、それがかえって胸《むね》に刺《さ》さった。耳に、絵を描《か》いた子どもたちの声が響《ひび》いてくるようだった。

「また乗れるよね、メリーゴーラウンドに。」

「ぼくはこんな所で死にたくない。もっと生きたかった。」

「学校へもう一度行って、友達と遊びたかったな。」

「チョウチョウになれば、きっとどこにでも飛んでいけるよね。」

「明日はきっと来るって、フリードル先生も言ってたもん。」

今、路子《みちこ》の目の前には、一人一人の人間として生きた証《あかし》、メッセージが確《たし》かにあった。

(この絵たちをなんとしても、日本の子どもたちに伝えたい。遠く離《はな》れた国で起きたことを知ってもらいたい。)

わき上がってきた思いに、路子《みちこ》は強くつき動かされた。

「この子たちの絵を日本のみんなに見てもらおう。」

ルース・シェルバコヴァー（1934年3月16日生まれ）。1944年10月4日アウシュヴィッツへ。

シャンデリアがあり、窓《まど》にはカーテンがある。キッチンの棚《たな》にはいくつもの鍋《なべ》があり、テーブルには花が飾《かざ》られている……。大好きなわが家の部屋を描《か》いたのだろう。それなのに3段《だん》ベッドがある。記憶《きおく》の中にある幸せの場面を描《か》いているはずなのに、今、目の前にある、決して好きではない3段《だん》ベッドを描《か》いてしまう。（野村路子《のむらみちこ》）

ルース・ハイノヴァー（1934年2月19日生まれ）。
1944年10月23日アウシュヴィッツへ。

子どもたちの絵に遊園地を描《か》いたものは多い。鉛筆《えんぴつ》で描《か》いたものもある中で、これは美しく明るい色。プラハでは、長く寒い冬が終わり春になると移動《いどう》遊園地がやってくる。ある朝、街角《まちかど》にメリーゴーラウンドができ、ブランコができ、アイスクリームの店ができる。子どもたちのうれしい季節だ。（野村路子《のむらみちこ》）

マリカ・フリードマノーヴァー（1932年8月6日生まれ）。
1944年10月4日アウシュヴィッツへ。

書類の紙に毛糸を使って描《か》いた花。収容所《しゅうようじょ》に持《も》ち込《こ》んだわずかな画材が少なくなった頃《ころ》、子どもたちのために大人が自分のセーターの袖《そで》やすそをほどいて毛糸を集め、フリードル先生に差し出したのだという。生還者《サバイバー》の一人は、「その時手にした毛糸は暖《あたた》かい気がした」と語っている。
（野村路子《のむらみちこ》）

アリーチェ・シッティゴヴァー（1930年4月19日生まれ）。1944年5月18日アウシュヴィッツへ。

赤い紙と書類用紙による切り絵。フリードル先生は絵を描《か》くだけでなく、コラージュ作品にも力を入れていた。書類の紙は、ドイツ人の監視《かんし》の目を盗《ぬす》んで大人の収容者《しゅうようしゃ》がごみ箱から集めてくれたものだろう。（野村路子《のむらみちこ》）

第三章

展覧会《てんらんかい》までの道のり

❖再《ふた》びプラハへ

東欧《とうおう》への旅から戻《もど》った路子《みちこ》に、いつもの日常《にちじょう》が待ちうけていた。相変わらず忙《いそが》しさに追われる毎日だ。

しかし、そうした中でも、あの時偶然《ぐうぜん》見つけた博物館で見たテレジンの子どもたちの絵が、路子《みちこ》の頭から離《はな》れることはなかった。逆《ぎゃく》に思いは日に日に募《つの》っていくようだ。

旅から帰ったあと、すぐに卒業、就職《しゅうしょく》した二女の麻紀《まき》はロンドン勤務《きんむ》となり、現在《げんざい》イギリスにいる。

そこで路子《みちこ》は、長女の亜紀《あき》に相談した。

「あの絵の展覧会《てんらんかい》を日本で開こうと思うんだけど、どう思う?」

「いいんじゃない？　やりたければやればいいと思うわよ。何か協力できることはするよ。英語が必要な時は通訳《つうやく》[＊1]を任せて。」

亜紀《あき》は、プラハでのことを妹から聞いていた。

「ありがとう。」

長女の亜紀《あき》は、高校時代に交換《こうかん》留学生として、アメリカで一年を過ごしていた。

当時はまだインターネットはなかった。直接《ちょくせつ》博物館に電話をしても、チェコ語では話せない。

（だったら、在日《ざいにち》[＊2]チェコスロヴァキア大使館に行ってみよう。）

路子《みちこ》はさっそく、広尾《ひろお》[＊3]にある大使館へおもむいた。プラハで見たテレジンの絵のことを詳《くわ》しく説明してから申し出た。

「日本で展覧会《てんらんかい》を開きたいのですが。」

応対《おうたい》してくれたレボラ書記官《しょきかん》[＊4]は、路子《みちこ》の熱意に打たれたよう

＊1　通訳《つうやく》…ちがう言語を話す人の間に入り、言葉の橋渡《はしわた》しを行う人。

＊2　在日《ざいにち》…日本にある。

＊3　広尾《ひろお》…東京《とうきょう》都《と》渋谷《しぶや》区《く》にある地名。

＊4　書記官《しょきかん》…大使館の事務《じむ》を行う役人。

だった。快《こころよ》くプラハのユダヤ博物館への依頼《いらい》を受けてくれた。

「お話はよくわかりました。では、本国に聞いてみますね。」

「ありがとうございます！」

すばやい大使館の対応《たいおう》に感謝《かんしゃ》をしながら、チェコからの返事を待つ路子《みちこ》に、わずか二週間ほどで大使館から連絡《れんらく》が来た。

「ユダヤ博物館から返事が来ました。展覧会《てんらんかい》についてくわしい相談がしたいので、プラハまでお越《こ》しくださいとのことですが。」

「はい、すぐにまいります。」

路子《みちこ》は、喜《よろこ》び勇《いさ》んでプラハまで飛んだ。

一九九〇年、二月のことだった。一年ぶりに、すりへった石《いし》畳《だたみ》の道を歩き、ユダヤ博物館を訪《たず》ねた。待っていてくれたサデック館長に、路子《みちこ》は興奮《こうふん》をおさえながら確《たし》かめた。

「日本での展覧会開催《てんらんかいかいさい》の許可《きょか》をいただけますか。」

＊1 レプリカ…複製品《ふくせいひん》。
＊2 はたと…突然《とつぜん》。

「もちろんです。日本のみなさんに見ていただけるのは、わたしたちにも、とてもうれしいことです。それで、絵の展示《てんじ》ですが、残されている約四千枚《まい》の絵の中から、百五十枚《まい》を選んでレプリカ*1を作り展示《てんじ》する、という形でいかがでしょうか。」

「わかりました。」

うれしさにひたりながら、路子《みちこ》は、はたと*2気がついた。

（展覧会《てんらんかい》を思いついたけど、実はわたしはテレジン収容所《しゅうようじょ》のことは、まだよく知らない。これは、行ってみなくては。）

展覧会《てんらんかい》を開く承諾《しょうだく》をもらった翌日《よくじつ》、路子《みちこ》はプラハからバスに乗った。北へ六十キロメートルの所に残されているテレジン収容所《しゅうようじょ》を目指したのだ。

プラハのユダヤ人街にあるユダヤ博物館。1990年当時はここに絵が展示《てんじ》されていたが、今は近くのピンカス・シナゴーグに移り、多くの絵が見られる。

❖初めてのテレジン

バスの窓《まど》の外に広がる、黒ぐろとした森と、今は土がむき出しの畑をながめながら、一時間ほどバスに揺《ゆ》られて、路子《みちこ》はテレジンの街に初めて降り立った。

外へ出たとたん、凍《こお》りつくような風がほおをさした。

「うわあ、寒いっ。」

路子《みちこ》は思わず、首のマフラーをしっかりと巻《ま》き直《なお》した。

前日に降《ふ》ったのだろうか。鈍《にぶ》い銀色の雪でおおわれている光景をしばらくの間ながめていた。

すぐに目に入るのが高い土の壁《かべ》だ。かつて守備隊がここにいたのは、この壁《かべ》が襲《おそ》ってくる敵《てき》から守ってくれるからだったが、収容所《しゅうようじょ》になった時は、送りこまれた人たちがここから逃《に》げることができない、つまりナチスにとっては絶好の場所だったのだ。

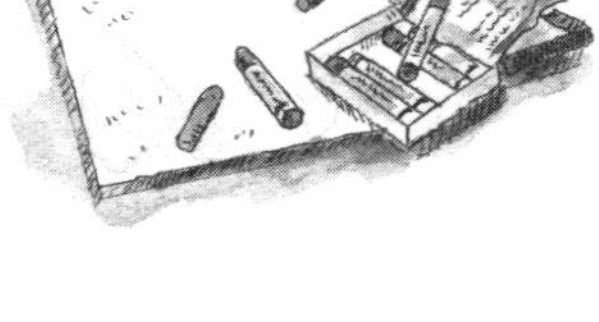

（昨年行ったアウシュヴィッツと同じだ。こんな寒い時期に、わざわざここを訪《おとず》れる人はめずらしいのかもしれない。）

風の中、人影《ひとかげ》もほとんどない道を路子《みちこ》は進んだ。*1収容棟《しゅうようとう》に向かう門の上にある大きな文字を見あげた。

「ARBEIT MACHT FREI」（アルバイト　マハト　フライ）

（この標語はアウシュヴィッツにもあったわ。

ドイツ語で「仕事が自由をつくる」という意味。

つまり、働けば自由になれる、ということなのだろうか。）

ナチスが多くの強制収容所《きょうせいしゅうようじょ》の門にこれを記したことは路子《みちこ》も知っていた。こうした所で「自由」という言葉を掲《かか》げているのがかえって白じらしく見える。門をくぐりながら、路子《みちこ》は考えた。

当時のままに残されている畳《たたみ》一枚《まい》くらいしかない小さな独房《どくぼう》をのぞいた。木製《もくせい》のベッドとトイレが一つずつ置いてあるだけ

テレジン収容所《しゅうようじょ》の入り口に掲《かか》げられた標語。
（写真：PIXTA）

＊1　収容棟《しゅうようとう》…捕虜《ほりょ》を収容《しゅうよう》する建物。

で、壁《かべ》には何本もの鉄の鎖《くさり》が下がり、小さな鉄枠《てつわく》の窓《まど》はさびついている。ここには、政治犯《せいじはん》が入れられたらしい。

外には、公開処刑《しょけい》[*1]が行われた広場があり、隅《すみ》のほうにある壁《かべ》には、数えきれない弾《たま》のあとが見える。もっと行くと、がっちりとした木組みの台が現《あらわ》れた。

「首つり台[*2]だ。」

息をのみながら、路子《みちこ》はプラハのユダヤ博物館で見た子どもの絵の一つを思い出した。ダビデの星をつけた人間が、なわで首をくくられて、今まさに引っぱられている様子が描《えが》かれた絵。

(子どもたちは、目の前であの残酷《ざんこく》なシーンを見てしまったんだ。自分たちもまるで倉庫《そうこ》の棚《たな》のような三段《だん》ベッドに押《お》し込《こ》まれ、食べ物もろくに与《あた》えられないで、明日はどうなるかもわからない極限《きょくげん》の状態《じょうたい》で毎日を過《す》ごしたのだ。)

テレジンに着いてから、ずっと吹《ふ》き続《つづ》ける冷気を含《ふく》んだ風より

＊1 公開処刑《しょけい》…ほかの人への見せしめのために、一般《いっぱん》に公開されて行われる処刑《しょけい》のこと。

＊2 首つり台…首に縄《なわ》などをかけてぶら下げ、首をしめて殺《ころ》す台。

も、目の前にある数かずの物たちが、路子《みちこ》を心の底からぞっとさせた。ナチスへの怒《いか》りが、吐《は》き気《け》のようにこみあげてくる。

街は普通の街だった。一九四一年から四五年までの間、家の中のものもすべてどかし、粗末《そまつ》な三段《だん》ベッドを並《なら》べて収容所《しゅうようじょ》になっていたアパートは、外壁《がいへき》を塗《ぬ》り替《か》え、部屋にはじゅうたんを敷《し》き、カーテンをつけ、家具を置いて、また住民が戻《もど》って来て、普通《ふつう》の街に戻《もど》っているのだ。

「男の子の家」は博物館になっていたので見学できたが、「女の子の家」は、アパートなので、入ることはできなかった。

路子《みちこ》はプラハまで戻《もど》ると、今度は街なかの本屋をまわり、英語で書かれたテレジン関係の本を探《さが》した。日本ではまだほとんど知られていないのだ。できるだけ資料《しりょう》を集めたかった。

ジャーナリストとして、真実を追求する路子《みちこ》の姿勢《しせい》は、ここでも発揮《はっき》されていったのである。

❖協力者を得《え》て

ユダヤ博物館から、絵のレプリカの貸《か》し出《だ》し許可《きょか》をもらった路子《みちこ》は、展覧会《てんらんかい》に向けての準備《じゅんび》を始めた。

ところが、今さらながら[*1]とんでもないことに気がついた。計画ではすでに、展覧会《てんらんかい》会場が六、七か所ほど決まっている。

（どうしよう。どうやって展覧会《てんらんかい》を開けばいいのか、かかるお金のことはまったく考えずにここまで進めてしまった。なんとかしなければ。）

収容所《しゅうようじょ》当時の「女の子の家」。

＊1 今さらながら…今頃《ごろ》になって。

路子《みちこ》は新聞社で催事《さいじ》を担当《たんとう》している大学時代の友人に試算してもらった。

「この企画《きかく》だと、最低でも三千万円、うちでやれば一億円の企《き》画《かく》だ。」

＊2途方《とほう》もない額《がく》に、頭の中がみるみるうちに真っ白になった。

（自分では、これまでの貯金《ちょきん》を使えばなんとかなると思っていたのに。額《がく》がひとケタもちがう。一番肝心《かんじん》な費用《ひよう》のことを軽く考えていた。わたしは、なんてバカなんだろう。）

展覧会《てんらんかい》の準備《じゅんび》と並行《へいこう》して、夜寝《ね》る時間も惜《お》しんでユダヤ人＊3迫《はく》害《がい》について書かれた本も読み重ねてきた。

そうした中で、疲《つか》れもたまり続けていたのだろう。路子《みちこ》は、絶《た》えずめまいにおそわれていた。電車の中でも喫茶店《きっさてん》でも道を歩いていても、足もとがふらふらした。

（体調のせいにしてやめてしまおうか。）

＊2 途方《とほう》もない…とんでもない。並《なみ》ではない。

＊3 迫害《はくがい》…弱い立場の者などを追いつめて、苦しめること。

投げ出したいという思いが、何度も頭の中をよぎった。

だが、目を閉《と》じるとまぶたの裏《うら》に、あの子どもたちの絵がくっきりと浮《う》かんでくる。子どもたちの声が伝わってくる。

「もっと生きたかった。」「もっと絵を描《か》きたかった。」「広い野原を走り回りたかった。」「どうしてもっと生きられなかったの。」

（あの子たちのためにも、なんとかしなければ。）

めまいと不安に必死にうち勝とうとしていた時だ。路子《みちこ》のもとに、プラハのユダヤ博物館から連絡《れんらく》が来た。

「百五十点の絵を選びました。カメラマンの手配もできています。フィルム[*1]を持ってきてくだされば大丈夫《だいじょうぶ》です。いついらっしゃいますか？」

「は、はい。」

（自分から言い出したことだ。今さらあとには引けない。いや、あの子たちのためにもここでやめるわけにはいかない。）

＊1 フィルム…カメラを通した光の情報《じょうほう》を記録する感光材料。フィルムで撮影《さつえい》した写真は、現像《げんぞう》してプリントする。当時のプラハではあまり手に入らなかった。

三度目になるプラハへの道中《どうちゅう》で、路子《みちこ》は、前回ユダヤ博物館でサデック館長と交《か》わした会話をはっきりと思い出した。展覧会開催《てんらんかいかいさい》を申し出たものの、不安な気持ちがこみあげ、路子《みちこ》はサデック館長に思わず問いかけたのだった。

「本当にわたしが展覧会《てんらんかい》を開いていいのでしょうか。わたしは、有名人でもなく、組織もお金も力もないのです。」

「あなたがあの絵に心をとめて*2くれた。それだけで十分です。」

（そうだ。初めからあと先も考えずに突《つ》っ走《ぱし》ったわたしを、館長は理解《りかい》してくれた。信用してくれたのだ。）

思い直した路子《みちこ》は、胸《むね》を張《は》ってユダヤ博物館を訪《おとず》れた。博物館は、前回路子《みちこ》が希望したような絵をすでに選んでくれていた。

その絵を写真に撮《と》って、フィルムを永久《えいきゅう》に使用できる権利《けんり》を路子《みちこ》はもらった。

＊2 心をとめる…しっかりと覚えておくこと。

（これでもう、後戻《あともど》りはできない。）

プラハに出かける数日前、日本経済《けいざい》新聞社の文化部から原稿《げんこう》の依頼《いらい》が来ていた。

「……アンネ・フランク*1の父親は、勇気を出して娘《むすめ》の残した日記を出版《しゅっぱん》したから、それが世界中の言葉に訳《やく》され、読まれて……（中略）……アンネと同じように、幼《おさな》い命を断《た》たれた子どもたちが残した絵です。誰か、あの子たちの父親になってくれませんか……。」

路子《みちこ》がプラハのホテルで書いた『収容所《しゅうようじょ》の幼《おさな》い画家たち』と題した随筆《ずいひつ》*2は、新聞に大きく載《の》った。

この随筆《ずいひつ》の反響《はんきょう》は大きかった。掲載《けいさい》の次の日には、ある保険《ほけん》*3会社の広報課《こうほうか》*4から電話があった。

「当社社長が、野村《のむら》さんの記事に感動して展覧会協賛《てんらんかいきょうさん》*5を申《もう》し出《で》ております。もちろん、その際《さい》に当社の宣伝《せんでん》などをしていた

---

*1 アンネ・フランク（一九二九～一九四五年）…ホロコーストの犠牲《ぎせい》となったドイツ系ユダヤ人の少女。『アンネの日記』の著者《ちょしゃ》。

*2 随筆《ずいひつ》…個人《こじん》の体験したことや意見・感想などを、筆のおもむくまま自由に書き記したもの。「エッセイ」ともいう。

*3 保険《ほけん》会社…生命保険《ほけん》や火災保険《かさいほけん》などを取《と》り扱《あつか》う会社。保険《ほけん》は、災害《さいがい》や死《し》亡《ぼう》などに備《そな》えて、前もってお金を積み立てておき、災害《さいがい》などが起きた時にもらうしくみ。

*4 広報課《こうほうか》…会社の活動などを世の中に伝える仕事をしている部署《ぶしょ》。

*5 協賛《きょうさん》…計画に賛成《さんせい》して力を貸《か》すこと。

だく必要はありません。純粋《じゅんすい》に協力させていただきます。」

路子《みちこ》の受話器を持つ手がふるえた。

以前からの友人数十人がボランティアで手伝うと集まってきてくれた。そして、そのうちの一人、絵本作家のKが、児童書*6の編集者《へんしゅうしゃ》*7Aを紹介《しょうかい》してくれた。

Aは、テレジンに大きな興味《きょうみ》を抱《いだ》き、路子《みちこ》にたのんだ。

「展覧会開催《てんらんかいかいさい》のお手伝いをします。代わりに一年たったら、テレジンのことを児童書として書いてください。」

「はい。必ず書きます。お約束します。」

これに加えて、新聞などを通じて展覧会《てんらんかい》に賛同《さんどう》する人たちを全国各地でつのったところ、二百数十人の人たちの申し出があり、「展覧会《てんらんかい》を成功させる会」が生まれた。路子《みちこ》は、Aと共に会場探《さが》しや開催《かいさい》を申し出てくれた人との打ち合わせなどに精力《せいりょく》的《てき》に動き回った。

＊6　児童書…子ども向けの本。
＊7　編集者《へんしゅうしゃ》…書籍《しょせき》や雑誌《ざっし》などの制作《せいさく》作業をする人。

こうしてついに、展覧会開催《てんらんかいかいさい》の道筋《みちすじ》が整った。

「これで、展覧会《てんらんかい》を実現《じつげん》できる！」

期待で胸《むね》をふくらませる路子《みちこ》に、友人の新聞記者が言った。

「テレジンは知名度がないな。」

「わたしもそれを考えていたわ。あの子たちは、アンネ・フランクと同じように夢《ゆめ》や希望をもっていたのよ。でも、ユダヤ人に生まれたという、ただそれだけの理由で、夢《ゆめ》が花開く前に殺《ころ》されてしまった。アンネは一人じゃない、ここに一万五千人のアンネがいた、と伝えたいから、サブタイトル[*1]に『一万五千人のアンネ・フランクがいた』と入れるわ。」

一九九一年四月、埼玉県熊谷市《さいたまけんくまがやし》を皮切りに、『テレジン収容所《しゅうようじょ》の幼《おさな》い画家たち展《てん》――１５０００人のアンネ・フランクがいた――』が始まった。九州《きゅうしゅう》、関東《かんとう》、東北《とうほく》、北海道《ほっかいどう》と続く全二十三か所、七か月間の巡回《じゅんかい》[*2]が開始された。

『テレジン収容所の幼い画家たち展』会場入口。

＊1 タイトル…内容を短く表したことば。

＊2 巡回《じゅんかい》…各地を順番に移《い》動《どう》して回ること。

第一回の熊谷《くまがや》からすばらしい出会いがあった。

会場の受付に座っていた路子《みちこ》の元に三・四歳《さい》くらいの男の子が寄ってきたのだ。

「ねぇ、ねぇ、おばちゃん、ぼくのオヤツあげる。」

「嬉《うれ》しいわ、ありがとう。」と路子《みちこ》が手を出すと、大きく首を振って行ってしまう。そんなことが二、三度繰り返されて、少し面《めん》倒《どう》くさくなった路子《みちこ》は「おばちゃんにくれないのならだれにあげるの?」と聞いた。そうすると子どもは会場の中を指さした。

「じゃあ、一緒《いっしょ》に行きましょう。」と子どものあとをついて行くと、一枚《まい》の絵の前に立ったのだ。

それは、女の子のまわりに描《えが》かれたブタやハリネズミやコトリにフォークが刺《さ》されている絵だった。

女の子の上にあるアーチには「[*3]福祉《ふくし》の国への入り口　1コルナ[*4]」と書かれていた。1コルナ払《はら》えば、欲《ほ》しいものがいっぱい

＊3 福祉《ふくし》…社会の構成員が平等に得るべき幸福。

＊4 コルナ…チェコで利用されている通貨の単位。

あるこの国へ入れるのだろう、アイスクリームやココアやミルクのカップもある。

〈どんなにかお腹が空《す》いていたのだろう、好きなものを描《か》いていたはずなのに、そこにまでフォークを刺《さ》してしまった……。〉と解説を書いていた。

男の子は、その絵の中の少女に自分のオヤツをあげようと思ったのだ。

路子《みちこ》は、半年以上さまざまな苦労を共にした仲間と、この子のためだけにでも、この展覧会を開いてよかったと手をにぎり合って涙《なみだ》を流した。

そして、十二月の最終開催地《かいさいち》、東京《とうきょう》の新宿《しんじゅく》では一万六千人が来場する大盛況《だいせいきょう》となった。

全部で約十万人近い見学者を数えた展覧会《てんらんかい》は連日、新聞各紙、マスメディア[*1]でも大きく取り上げられた。

＊1 マスメディア…不特定多数の人びとに大量の情《じょう》報《ほう》を伝達する、新聞・テレビ・ラジオ・雑誌《ざっし》などのこと。

「子どもの絵のレプリカを誰《だれ》が見に行くの？」

と言った友人もいたが、そんな心配など吹《ふ》き飛《と》ばすほど、人の心に迫《せま》る力が展示《てんじ》した絵と詩にはあった。

「テレジンの子どもたちの絵が発している命をかけた声を、絶《ぜっ》対《たい》に裏切《うらぎ》りたくない。」

路子《みちこ》の思いが、成功を招《まね》き寄《よ》せたことはまちがいない。

第四章　生存者《せいぞんしゃ》との出会い

※絵を持ち出したビリー

展覧会開催《てんらんかいかいさい》は、路子《みちこ》の新たな出会いの機会にもつながった。

展覧会《てんらんかい》の準備《じゅんび》をしていた一九九〇年、テレジン収容所《しゅうようじょ》の解放後はじめて、解放記念行事が開かれた。五十周年だった。その時、当時収容《しゅうよう》されていた子どもたちの中で生存*1《せいぞん》できた百人のうち、数人の住所と氏名を知ることができたのだ。早速会いたいとの手紙を出したが、返って来るのは「話したくないのです。」という返事だった。

そんな時に路子《みちこ》は、イスラエル大使館から誘《さそ》いを受けた。

「イスラエルに行って、生存者《せいぞんしゃ》に会いませんか。」

---

*1 生存《せいぞん》…生きてこの世にいること。

「はい、もちろんうかがいます。」

心を躍《おど》らせた路子《みちこ》に、大使館がホテルなどを手配、十月のイスラエル行きとなった。

テルアヴィヴ[*2]の郊外《こうがい》のキブツ[*3]、ギヴァット・ハイムにある『テレジンの家』[*4]で会ったのは、ビリー・グロアーだ。

彼《かれ》は、二十八歳《さい》の時にテレジン収容所《しゅうようじょ》へ送られて、「女の子の家」で二年数か月、子どもたちの面倒《めんどう》をみる役目を負わされていた。

ビリーは、当時の様子を路子《みちこ》にくわしく話してくれた。

「テレジンでの子どもの入《い》れ替《か》わりは、それは目まぐるしいものでした。

大量に連れて来られたかと思ったら、ある日大量にどこかへ送られていくんです。」

「テレジンがアウシュヴィッツ[*5]への中継地《ちゅうけいち》だったからですよね。」

2023年現在《げんざい》のイスラエル周辺地図。

＊2 テルアヴィヴ…イスラエルにある地中海に面した都市。

＊3 キブツ…共同で管理・経営《けいえい》される農場。育児や教育も共同で行われる。

＊4 テレジンの家…テレジンの資料館。

＊5 アウシュヴィッツ…46ページ参照。

路子《みちこ》が聞くと、ビリーは顔をゆがませた。

「その通りです。ナチスは子どもを労働力としか考えていませんでした。働けない子はすぐに用なし[*1]です。

『東』と呼《よ》ばれたアウシュヴィッツへ送ってしまう。

でも、そんな毎日の中でも、大人たちは、なんとか子どもたちに楽しいことを体験させてあげようと必死でした。」

ビリーはしわが深く入った目もとをゆるませて、ふっとほほえんだ。

「最初は歌とゲームしか許可されなかったんですが、
大人たちの命がけの努力で絵の教室も開けたのですよ。

子どもたちが持ってきた学用品はすぐに足りなくなってしまいました。

フリードルは家にあった紙や絵の具をみな持ってきたそうですが、それでも足りない……そんな時に、大人が、ドイツ兵《へい》

＊1 用なし…必要がないこと。

の事務所のごみ箱から紙を拾い集めたのです。そんな、みんなの優《やさ》しさもあって開けた教室ですから、子どもたちは嬉《うれ》しそうでしたよ。それまで、まったく声も聞こえなかった子どもたちの部屋から、笑い声が聞こえるようになったのです。

すばらしいでしょう？

でも一九四四年十月には、フリードルもアウシュヴィッツへ送られてしまったのです。

一九四五年五月、テレジン収容所《しゅうようじょ》は解放されました、残っていた人は少なかったですよ。

ドイツ兵《へい》は事務所の書類に火をつけて、焼いて逃《に》げ出しました。その焼け跡で、ぼくは絵を見つけたのですよ。奇跡《きせき》だと思います。

なぜ、そこに絵があったかわかりません。

ぼくは、この絵を見つけるために生き残っていたのだと思い

ましたよ。

ぼくは知っていましたからね、あの絵を描《か》いた子どもたちのほとんどはもう帰ってこないって。

だからぼくは、倉庫から持ち出したトランク[*1]二つに、絵をつめ込《こ》み、そして、六十キロ離《はな》れたプラハに持ち帰り、ユダヤ[*2]人協会《きょうかい》に届《とど》けたのです。

そのあとは生きて行くのに必死でしたが、数年後、新しく建国されたこのイスラエル[*3]に移住《いじゅう》したのです。」

一気に話したビリーに、路子《みちこ》は何度もうなずいた。

「お話が聞けて本当によかったです。」

「ぼくもうれしいです。あの絵の展覧会《てんらんかい》を日本で初めて開くと聞きました。どうか、がんばってください。」

「はい。わたしが初めてあの絵を見た時の感動を、多くの人たちにも感じてもらいたくて。」

テレジンの「女の子の家」で世話をしていたビリー・グロアー。戦後、彼《かれ》が子どもたちの絵を発見して持ち出した。

＊1 トランク…大きな旅行かばん。
＊2 ユダヤ人協会…世界のユダヤ人とイスラエルの福祉《ふくし》を向上させることなどを目的に組織《そしき》された協会。
＊3 イスラエル…1948年にユダヤ人によって建国された国。

不意に、目頭《めがしら》が熱くなった路子《みちこ》を、ビリーはじっと見つめた。

「ミチコ。あなたは子どもたちの絵に恋《こい》をしたんですね。だから、海を越《こ》えて、こうしてぼくにも会いに来た。

そして、展覧会《てんらんかい》まで開こうとしている。

あの絵が愛《いと》おしいと思うからこそ、ここまでのことができるのではないでしょうか。」

とたんに、路子《みちこ》はじんとした。*4

(そうだ。プラハで初めてあの絵を見た瞬間《しゅんかん》感じた気持ち。

あれは「恋《こい》」と似《に》ていたかもしれない。

絵からささやかれて胸《むね》がときめいた。

絵が語りかける夢《ゆめ》、希望、思い出、そして恐怖《きょうふ》や絶望《ぜつぼう》も。

すべての感情《かんじょう》に応《こた》えてあげたいという想いは、好きになった人にしか抱《いだ》けない感情《かんじょう》だ。)

路子《みちこ》が懸命《けんめい》に動いている理由をビリーが教えてくれたのだ。

＊4　じんとした…涙《なみだ》が出そうになるほど、感動したということ。

「ビリーさんがいたから、子どもたちの絵とめぐり会えました。そして今、この出会いに感謝《かんしゃ》します。本当にありがとう。」

ビリーと手をとりあった路子《みちこ》に、さらにうれしい話があった。近くの町に住む生存者《せいぞんしゃ》を紹介《しょうかい》してくれるというのだった。

翌朝《よくあさ》ホテルを訪《たず》ねてきたのは、子どもの生存者名簿《せいぞんしゃめいぼ》にはなかった女性《じょせい》だった。

❖テレジンでの生存者《せいぞんしゃ》、ディタ・クラウス

「初めまして。ディタ・クラウスです。『ディタ』と呼《よ》んでください。」

「はい、わたしは『ミチコ』で。」

目の前に突然《とつぜん》現《あらわ》れた、物静かな女性《じょせい》との出会いに、路子《みちこ》は不思議な縁《えん》を感じていた。

（あの絵がわたしたちを引《ひ》き寄《よ》せてくれたのだ。）

路子《みちこ》は、これまでディタがたどってきた道に耳をかたむけた。

「わたしは一九二九年、プラハで生まれました。テレジンに送《おく》り込《こ》まれたのは、一九四二年、十三歳《さい》の時です。そのあとは、アウシュヴィッツ絶滅収容所《ぜつめつしゅうようじょ》へ移《うつ》されて、さらにはハンブルク*1まで連れていかれ、最後はベルゲン・ベルゼン*2収容所《しゅうようじょ》にいました。」

「そんなに転てんとさせられたなんて。なんと言ったらいいのか。」

「自分でもよく生《い》き延《の》びられたと思います。ずっといっしょだった母は、ベルゲン・ベルゼンで病死してしまいました。戦争が終わって、やっと幸せになれると思ったのに。」

「そうだったんですか。」

「プラハに戻《もど》っても、親族*3はもう誰《だれ》も生きていませんでしたが、

---

*1 ハンブルク…ドイツ北部にある都市。
*2 ベルゲン・ベルゼン収容所《しゅうようじょ》…ドイツ北部のベルゲンという町のベルゼンにあった強制収容所《きょうせいしゅうようじょ》。
*3 親族…親せき。

友達のお兄さんのオットーに出会うことができたのです。

彼《かれ》も家族をみんな殺《ころ》されていました。

二人とも一人ぼっちでしたから、いっしょに暮《く》らし始めたんですが、誰《だれ》もいなくなったプラハにいるのはおたがいにつらくてたまりません。何を見ても、どこを歩いても幸せだった日びを思い出してしまうから。

そこで一九四八年、二人で相談してイスラエルに渡《わた》ることにしました。」

「建国したばかりの時ですね。」

「はい。少しして結婚《けっこん》しました。

何年か、キブツで働きながら暮《く》らしていましたが、オットーが英語教師《きょうし》になり、長男も生まれたので家を持ちました。」

「ご家族ができたんですね。」

生き残った者同士《どうし》が肩《かた》を寄《よ》せ合《あ》って生きる姿《すがた》を想像《そうぞう》した路子《みちこ》

は、なんだかほっとしたが、ディタがここまで来るには、*1過酷《かこく》な道をたどらなければならなかったのだ。

「ディタの名前は、名簿《めいぼ》にはありませんでした。どうして？」

「わたしの当時の本名はエディタでした。通称《つうしょう》がディタで……。わからなかったのか、アウシュヴィッツで死んだと思われていました。」

翌日《よくじつ》、ディタは『テレジンの家』に連れて行ってくれた。昨日ビリーと会ったところだ。そこの館長アリサもテレジン収容《しゅうよう》所《じょ》からの生還者《せいかんしゃ》だ。

「ここには、ディタのすばらしいものがありますよ、ミチコ、見たいでしょう？」

とアリサが大事そうに持ち出してきたのは、十センチ四方くらいの小さな手作りの本だった。布の表紙を開くと「TEREZIN」という字があり、教会らしい塔《とう》と赤い屋根の建物が描《えが》かれてい

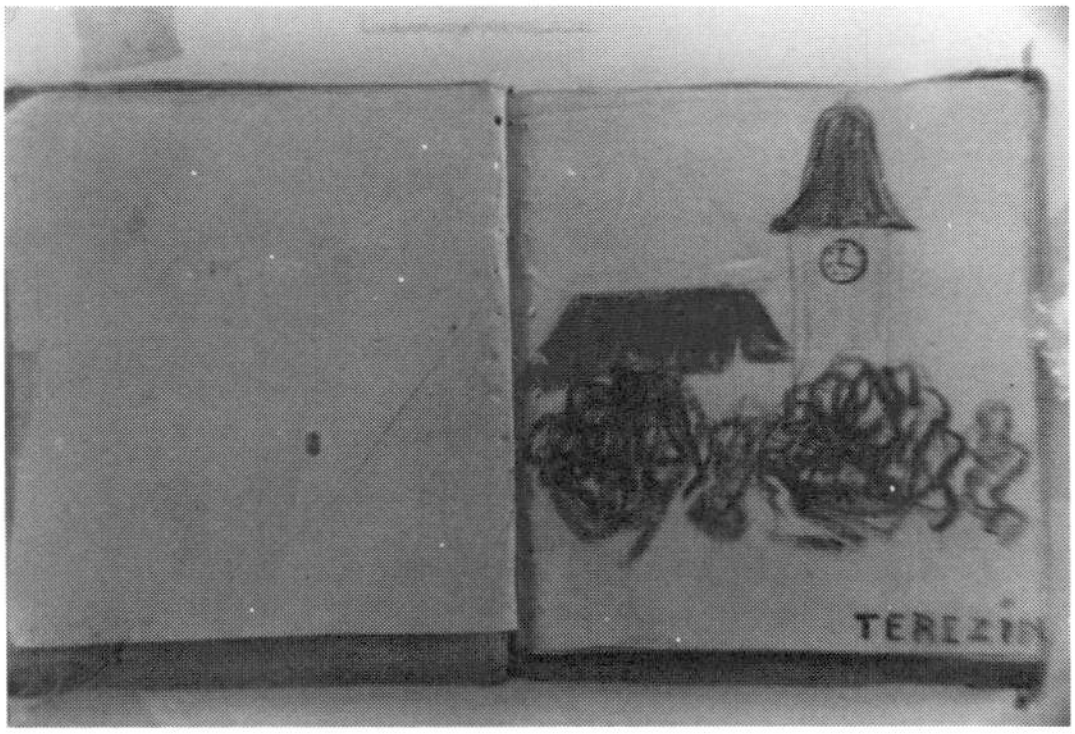

ディタのつくった絵本。

*1 過酷《かこく》…ひどすぎる様子。

た。次のページには、路子《みちこ》の読めない文字と三段《だん》ベッドの絵。

「これは、このテレジンの家資料館《しりょうかん》ができたというニュースが伝えられた時に、アメリカでそれを見た人が送ってくれたのです。」

とアリサが言った。

「テレジンにいたころ、たしか誕生日《たんじょうび》に女の子から贈《おく》られたもので、その後何十年も大事に持っていたけれど、その子の名前は覚えていないという手紙がついていました。」

「そこにあったサインがわたしのものだったのですよ」

とディタが笑いながら言った。

「わたしも少年を覚えていませんでした。でも、サインは確かにわたしのなのです。」

(もしかしたら初恋の思い出?)

と路子《みちこ》は思った。

（収容所《しゅうようじょ》の中でもそんなことがあったなんて、とてもステキなことなのに、それを覚えていない、あの頃《ころ》はもちろん、それからの日々がどんなに大変なものだったかということなんだろうな。）

「絵の教室のことは覚えていますよ。フリードル先生に励《はげ》まされながら、たくさん絵を描《か》きました。この絵も収容所《しゅうようじょ》の窓《まど》からいつも見ていた教会を描《か》いたものです（100ページ）。

ビリーさんが持ち帰ってくれたおかげで再《ふた》び会えました。」

ディタは、家から持ってきた『テレジン』というタイトルの写真集の中の一枚《まい》を路子《みちこ》に見せた。

そこには、墨絵《すみえ》のように黒い絵の具だけで描《か》いた教会の絵があった。よく見ると、小さな本に描《えが》かれた教会と同じ形の塔《とう》だった。

絵を見ながらも、路子《みちこ》にはとても気になることがあった。

ディタの腕《うで》には数字の*1入《い》れ墨《ずみ》が今でもくっきりと残されていた。テレジンからアウシュヴィッツ絶滅収容所《ぜつめつしゅうようじょ》に送られた時に入れられたものだ。

「73305。これがわたしの番号です。いっしょに連れて来られた母の数字は73304でした。

アウシュヴィッツでは、労働力として役に立たないとみなされた人たちは、この数字さえ焼《や》きつけられることなく、そのままガス室へと送られてしまったのです。わたしは母の知恵《ちえ》で、年齢《ねんれい》を十六歳《さい》といつわって生きられたのです。本当は十五歳《さい》でしたけど。」

当時の経験《けいけん》をディタは次つぎと話してくれた。息をつめてメモをしていた路子《みちこ》に、左腕《ひだりうで》を見せながら優《やさ》しく語りかけた。

「ミチコ。この数字を写真に撮《と》らなくてもいいのですか。」

---

*1 入《い》れ墨《ずみ》…皮膚《ひふ》に針《はり》などで傷《きず》をつけて着色し、絵や模様《もよう》などを描《か》くこと。

路子《みちこ》は一瞬《いっしゅん》たじろいだ。[*2]

（こんなに話を聞いた上にそんなことをしたら、あの頃《ころ》の心の傷《きず》が、さらによみがえってしまうのではないだろうか。）

「ほら、ミチコ。早く。」

「ごめんなさい、ディタ。」

路子《みちこ》はふるえる手で入《い》れ墨《ずみ》に向かってシャッター[*3]を二度切った。だが、その音がディタの腕《うで》を痛《いた》めてしまう気がして、それ以上はできなかった。

帰国後、その写真の現像《げんぞう》[*4]をした路子《みちこ》は、もう一度ふるえた。

（話している最中はずっと優《やさ》しい笑顔《えがお》を浮《う》かべていたのに。）

写真のディタに笑顔《えがお》はまったくなかった。うつむいてつらそうな顔は、ディタの心のさけび、そのもののように路子《みちこ》には思えた。

＊2　たじろぐ…ひるむ。しりごみする。

＊3　シャッター…カメラで撮影《さつえい》する時に押《お》すボタン。カメラで写真を撮影《さつえい》することを「シャッターを切る」という。

＊4　現像《げんぞう》…撮影《さつえい》したフィルムから、薬品を使って画《が》像《ぞう》を出現《しゅつげん》させる処理《しょり》。

エディタ・ポラホヴァー(現《げん》ディタ・クラウス。1929年7月12日生まれ)。

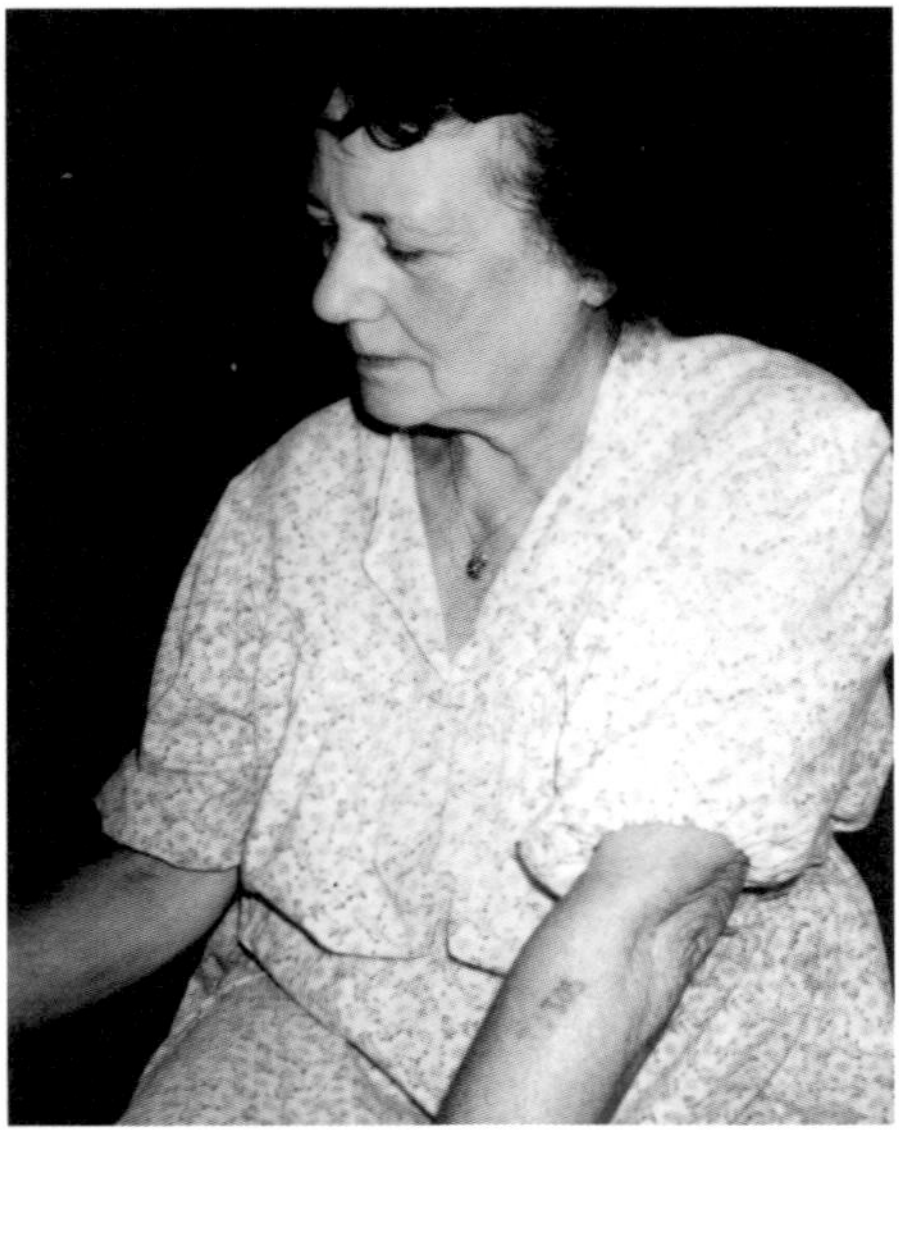

この教会は、当時の「女の子の家」の近くに今も存在《そんざい》している。ディタによると、一日の労働が終わって帰ってくるのは夕方で、太陽が沈《しず》みかけ、窓《まど》から見える教会がシルエットになって見えたのだという。「太陽が沈《しず》んでいく遠くには、普通《ふつう》の生活ができる街があるのだろうな……と、いつも窓《まど》の外をながめていました」と。(野村路子《のむらみちこ》)

生存者《せいぞんしゃ》のディタ・クラウスさん。左腕《ひだりうで》にアウシュヴィッツで彫《ほ》られた番号の入《い》れ墨《ずみ》がある。(野村路子《のむらみちこ》 撮影《さつえい》)

❖人と人とのつながりを大切に

路子《みちこ》は、展覧会開催《てんらんかいかいさい》に合わせて、ディタを日本に招《まね》いた。
マスコミはディタの取材に押《お》し寄《よ》せた。その様子に、路子《みちこ》は
だんだんと後悔《こうかい》の思いを強くしていた。
（遠い日本までせっかく来てくれたディタが、*1興味本位《きょうみほんい》で見ら
れるのはつらい。
本当は話したくない昔のいやな思い出を、わたしが無理やり
引きずりだしてしまったのだろうか。）
「ディタさん、もう少し腕《うで》をよく見せてもらえませんか。」
特に、数字の入《い》れ墨《ずみ》を写そうとする、カメラマンからの容赦《ようしゃ》
ない注文は、路子《みちこ》の心をますます*2ざわつかせた。
「ディタ、ごめんなさい。
こんなつもりであなたを日本へ呼《よ》んだのではなかった。」
「ううん、大丈夫《だいじょうぶ》。だってわたしはこうして生きている。

＊1　興味《きょうみ》本位…おもしろいかどうかを重視《じゅうし》すること。

＊2　ざわつかせる…落ち着かない気持ちにさせる。

写真を撮《と》られるのも話すのも、生き残った者の義務《ぎむ》。だから日本まで来たの。」

ディタの様子に、路子《みちこ》は驚《おどろ》きと尊敬《そんけい》の気持ちを強く抱《いだ》いた。

(なんて強い人。収容所《しゅうようじょ》での経験《けいけん》が、こうして彼女《かのじょ》に勇気《ゆうき》を与《あた》えたのだろうか。

人前で静かに話す強い力を育んだのだろうか。)

しかし、ディタの真の思いを路子《みちこ》はすぐあとで知らされた。

ディタの歓迎会《かんげいかい》でスタッフの一人が、乾杯《かんぱい》の際《さい》に聞いたのだ。

「つらい体験をのり越《こ》えて、現在《げんざい》は穏《おだ》やかな毎日を過《す》ごしていらっしゃるディタさんですが、今は幸せですか。」

そこにいた人たちはみんな、夫と二人の息子と共に地中海に面した美しい町に住み、好きな絵を描《か》いているというディタは、幸せを感じていると勝手に想像《そうぞう》していた。

ところが、ディタは首を振《ふ》った。

野村路子《のむらみちこ》さんとディタ。

「いいえ、わたしは自分が幸せだとは思いません。幸せになってはいけないとさえ思うのです。

だって、わたしのまわりの人たちは、みんな殺《ころ》されてしまったのです。

わたしも同じ運命になるはずだったのに、こうして生き残ってしまいました。

そんなわたしが幸せだとは決して言えません。」

胸《むね》*1をえぐられるような答えに、会場はしいんとなった。

路子《みちこ》も、ディタの心の傷《きず》の深さを思い知らされた。

(ディタは生き残った者の務《つと》めとして懸命《けんめい》に必死に生きてきた。

その優《やさ》しさと勇気《ゆうき》は幸せになるためのものではなかった。

苦しくても、亡《な》くなってしまったみんなのために何とかしなくてはという強い意志《いし》があるからだった。

ディタの心は、そんな仲間の魂《たましい》と今でもしっかりと結びつい

生還者《サバイバー》のヘルガ・ヴァイッソヴァーさん。解放《かいほう》後、美術《びじゅつ》大学に進み画家として活躍《かつやく》。あの当時の絵を描《か》き続け、当時の日記『Helg's Diary』を出版《しゅっぱん》した。(野村路子《のむらみちこ》 撮影《さつえい》)

＊1 胸《むね》をえぐられる…胸《むね》が張《は》りさけそうになること。

ているにちがいない。)

路子《みちこ》は、ディタへの思いを新たにした。

(ディタは、単なる取材対象《たいしょう》ではない。

人と人として、友達として心を通わせたい。)

路子《みちこ》のこうした姿勢《しせい》は、プラハ在住《ざいじゅう》のラーヤ・エングランデロヴァー、ヘルガ・ヴァイッソヴァーとの出会いにおいても貫《つらぬ》かれた。国と時間を越《こ》えて、路子《みちこ》はかつて「テレジンの小さな画家たち」だった人たちとの親交を深めていった。

その頃《ころ》、路子《みちこ》には衝撃的《しょうげきてき》な出会いがあった。

九時間二十七分にも及《およ》ぶ、フランスのクロード・ランズマンが監督《かんとく》したドキュメンタリー映画《えいが》『ショア』だ。

全編《ぜんぺん》を通して、ホロコーストの加害者、被害者《ひがいしゃ》、そして第三者(傍観者《ぼうかんしゃ》)の立場の人たちに、ひたすら監督《かんとく》のランズマンが鋭《するど》い質問《しつもん》を浴《あ》びせる形で撮影《さつえい》されている。

*1 インタビュー…会話をしながら、質問《しつもん》をし、相手から情報《じょうほう》を得《え》る取材方法。

路子《みちこ》は、この作品が日本で公開された時に、監督《かんとく》にインタ[*1]ビューをする機会を得《え》た。

特に聞いてみたかったのは、取材の方法についてだった。

路子《みちこ》は、ディタの時もそうだったように、なんの容赦《ようしゃ》もなく、正面から相手に質問《しつもん》することができない。その人の気持ちを思うと、「本当に聞いてもいいのか。」と迷《まよ》いが出てしまうからだ。

「わたしは相手に強く迫《せま》ることができません。取材者としてだらしないやり方をしているのでしょうか。」

すると、ランズマンはやさしく笑顔《えがお》で答えた。

「いいえ。それでいいと思います。あなたにはあなたのやり方がある。だってそうでしょう。そういう態度だったからこそ、生存者《せいぞんしゃ》の人たちとの友情《ゆうじょう》も生まれたのではないですか。わたしなんか、インタビューをした人たちは、みんなもうこりごりだと言って、会ってもくれません。」

ヘルガ・ヴァイッソヴァー（現《げん》ホシュコヴァー。1929年11月12日生まれ）。

ヘルガは、テレジンに送られて間もなく父親と連絡《れんらく》が取れたことがあり、その時「自分の目で見たものを描《か》きなさい」と言われたことを守って、フリードル先生の教室には行かず、ただ一人で収容所《しゅうようじょ》の実態《じったい》を描《か》き続《つづ》けた。（野村路子《のむらみちこ》）

「でも、それくらいしないと、伝えたいものが引き出せないこともあるのでは？」

「誰《だれ》もが同じ視点《してん》で同じ取材をするわけではない。わたしはあなたの視点《してん》や、立ち位置[*1]はすばらしいと思いますよ。」

ランズマン監督《かんとく》の言葉に、路子《みちこ》は励《はげ》まされた。揺《ゆ》らいでいた気持ちがしっかりと固まっていくのを感じた。

（自分には自分にしかできないやり方がある。

そうか、振《ふ》り返《かえ》れば、わたしは昔からずっとそうだった。自分がいいと思う方向を見つけては進んできたな。

これからも出会った人たちとの信頼《しんらい》関係を大切にしながらこの活動を続けていこう。）

それは、かつて人権派弁護士《じんけんはべんごし》[*2]として誠実《せいじつ》に人に寄《よ》りそった、今は亡《な》き父から受け継《つ》いだ考え方かもしれない。それからは、路子《みちこ》の姿勢《しせい》が揺《ゆ》らぐことはなかった。

＊1 立ち位置…周囲《しゅうい》の状況《じょうきょう》の中で、その人が取る立場。

＊2 人権派弁護士《じんけんはべんごし》…人権《じんけん》に関わる分野を専門《せんもん》とする弁護士《べんごし》。弁護士《べんごし》は4ページ参照。

第五章　活動の広がりの中で

❖チョウチョウの絵

展覧会《てんらんかい》を続けていくなかで、路子《みちこ》には、テレジン収容所《しゅうようじょ》についての新聞でのエッセイの連載《れんさい》、本の執筆《しっぴつ》、教科書への書《か》き下《お》ろし*1し、と本来の作家としての仕事に加えて、テレビ番組への出演《しゅつえん》や*2ドキュメンタリー番組の制作《せいさく》など、さまざまな依頼《いらい》が舞《ま》い込《こ》んでいた。中でも多いのは、学校や自治体からの講演《こうえん》の依頼《いらい》だ。

これらの依頼《いらい》を快《こころよ》く引き受けていきながら、路子《みちこ》は、「テレジンを語りつぐ」第一人者として、全国を飛び回った。

その中で、路子《みちこ》自身、大変印象《いんしょう》に残ったことがある。

神奈川県川崎市《かながわけんかわさきし》の小学校の研究授業《じゅぎょう》で、小学四年生の図工の

＊1 書《か》き下《お》ろし…小説などが、新聞や雑誌《ざっし》などに掲載《けいさい》されずに、直接《ちょくせつ》本として出版《しゅっぱん》されること。

＊2 ドキュメンタリー…実際《じっさい》にあった事件《じけん》などを、虚構《きょこう》（フィクション）を加えずに記録した映画《えいが》や放送番組、小説など。

時間に呼《よ》ばれた時だ。

担任《たんにん》の先生は教室の子どもたちに、まずテレジンの名前はまったく出さずに、収容所《しゅうようじょ》の子どもたちが描《か》いた『花の上を飛ぶチョウチョウの絵』を見せて質問《しつもん》した。

「みんな、この絵をどう思う？」

子どもたちは、事前に何も知らされていなかった。あせた紙に描《か》かれた古びた絵に対して、口々に感想を話し出した。

「もっとちゃんと色を塗《ぬ》ればいいと思います。」

「下手《へた》な絵だと思いました。」

「チョウチョウに人の顔が描《か》いてあるなんて、おかしいです。」

「どうして、こんな絵を描《か》いたかわかりません。」

飛び出したのは、悪口のような意見や感想ばかりだ。

これを受けて先生はおもむろに[*1]言った。

「それでは、この絵について、くわしく知っている方を今日は

＊1　おもむろに…ゆっくりと行動する様子。

ドリス・ヴァイゼロヴァー（1932年5月17日生まれ）。1944年10月4日アウシュヴィッツへ。

花とチョウを描《か》いた絵はたくさんある。チョウチョウだったら、自由に外へ飛んで行ける。高い塀《へい》を越《こ》えて、美しい花の咲《さ》く野原へも。大好きだったわが家にも……そんな夢《ゆめ》をたくしたのだろう。（野村路子《のむらみちこ》）

お呼《よ》びしたので、お話を聞きましょう。

野村《のむら》さん、どうぞよろしくお願いします。」

ここで路子《みちこ》が登場した。教壇《きょうだん》に立つとゆっくりと語り出した。

「みなさんは収容所《しゅうようじょ》ということばを知っていますか。第二次世《だいにじせ》界大戦《かいたいせん》の時です。

ヒトラーの意味もない人種差別が、その頃《ころ》のドイツの政策だったので、ユダヤ人は虐殺《ぎゃくさつ》され、収容所《しゅうようじょ》に送られていました。

今お話しするのは、その一つ、チェコのプラハにあった『テレジン収容所《しゅうようじょ》』です。

ここでは、十歳《さい》から十五歳《さい》の子どもは親から引《ひ》き離《はな》されて、『男の子の家』『女の子の家』に分けられ、番号で呼《よ》ばれることになり、暖房《だんぼう》もなく、きたない部屋につめ込《こ》まれました。

子どもたちは毎日きつい畑仕事で夜はもうくたくたです。な

んの希望もない毎日を強《し》いられていました。」

「うっそー。」

「ひどーい。」

あちこちから上がる声に、路子《みちこ》はうなずいた。

「そう。信じられない。ひどいですよね。

そんな中で、同じ収容所《しゅうようじょ》に入れられていた大人たちが、命がけで子どもたちを学ばせたい、と動き、ようやく歌とゲームだけは許《ゆる》すと言われました。

収容所《しゅうようじょ》にいたユダヤの人の大人の中には画家や作家だった人たちもいて、子どもたちがこっそりと絵を描《か》いたり、詩を書いたりする時間を作ったのです。

見つかれば処刑《しょけい》されてしまいますが、そうじもされていないきたなくて、くさい場所に近づくドイツ兵《へい》はいません。

子どもたちには、このひとときが唯一《ゆいいつ》『人間の子ども』に戻《もど》

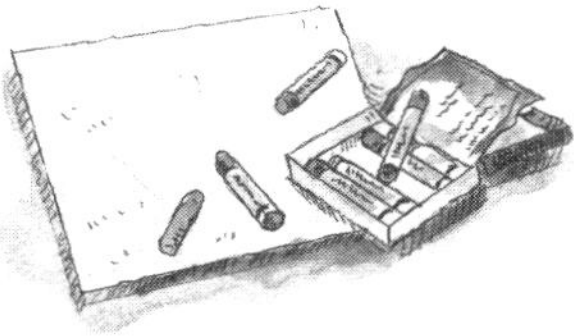

れる瞬間《しゅんかん》で、みんな心待ちにしていたのです。絵を教えてくれていたフリードル先生は言いました。

『あなたたちは数字で呼《よ》ばれる存在《そんざい》ではないわ。ご両親からもらったちゃんとした名前を持っているでしょう。だから、絵には自分のサインを入れるのよ。』

絵を描《か》く。詩を書く。それは、人にしかできません。

人間である証《あかし》です。みんなの心に楽しかった日のことがよみがえったにちがいありません。」

しいんとなった教室に、路子《みちこ》の声だけが響《ひび》いた。

「子どもたちは病気になったり、身体が弱ったりすると、もう働けない子どもはいらないと、テ

レジンから『東』と呼《よ》ばれたアウシュヴィッツ絶滅収容所《ぜつめつしゅうようじょ》へ送られガス室で殺《ころ》されてしまいました。ほとんどが、『東』へ送られて帰ってきませんでした。このチョウチョウの絵は、テレジン収容所《しゅうようじょ》に閉《と》じ込《こ》められていた子が描《か》いたものです。」

「そうだったんだ。」

「絵も自由に描《か》けなかったってかわいそう。」

絵に秘《ひ》められた歴史《れきし》を聞いた子どもたちの目には、最初に見せられた絵が、まったく違《ちが》うものに映《うつ》った。

衝撃的《しょうげきてき》な話のあと、路子《みちこ》に質問《しつもん》をする時間が設《もう》けられた。その最中だった。いつもやんちゃ[*1]でいたずらばかりしているという男子が、みんなの前で突然《とつぜん》、「ごめんね。」と声を上げて泣き出したのだ。

「ぼくは、チョウチョウに人間の顔が描《か》いてあるのは変だって

＊1 やんちゃ…子どもがだだをこねたり、いたずらしたりすること。

思っちゃった。

でも、このチョウチョウは、これを描《か》いた本人だったんだ。

チョウチョウになって、飛んで行きたかったんだよね。

それなのに、ごめんね。」

すると、一人の女子も、思い切った様子でしゃべり出した。

「わたしも、ごめんなさいをしたい[*1]です。わたし、A子ちゃんをいじめていました。何の意味もない差別をしていたのです。」

「大丈夫《だいじょうぶ》。ちゃんと気がつけたんだから。」

目をこすっている二人に、路子《みちこ》は優《やさ》しくほほえみかけた。

（テレジンの子どもたちの声が、この子たちにもしっかりと聞こえた。ちゃんとわかってもらえたんだ。）

この研究授業《じゅぎょう》は、テレジンの子どもたちの思いが時空[*2]を越《こ》えて日本の子どもたちにも伝わった貴重《きちょう》な時間となった。

＊1 ごめんなさいをしたい…謝りたい。
＊2 時空…時間と空間。

❖探偵団《たんていだん》を作った子どもたち

*3金沢《かなざわ》の小学校の、六年生担任《たんにん》のN先生からも、すごいニュースが届《とど》いた。

先生が友人からもらったポスターを教室の壁《かべ》にはったら、面白いさわぎになったというのだった。

「テレジンてどこにあるの?」

「ポスターには、『1500人のアンネ・フランク』って書いてあるけど、そんなにたくさん同姓《どうせい》同名の人たちがいたの?」

「小さな画家って誰《だれ》だろう?」

などなど、いろいろと疑問《ぎもん》が出されたあと、誰《だれ》かが言い出した。

「だったら、みんなで作ろうよ。『テレジン*4探偵団《たんていだん》』。」

「いいね。やってみよう。」

乗り気になったクラスの子たちに先生は言った。

---

*3 金沢《かなざわ》…石川県金沢市《いしかわけんかなざわし》。

*4 探偵団《たんていだん》…あることの秘《ひ》密《みつ》などをさぐる集まり。「探偵《たんてい》」は、人の行動や秘《ひ》密《みつ》をひそかにさぐること。

「何かつかめたら、学級通信にのせるからね。」

「よーし、調べるぞー。」

「わたしも！」

クラスに生まれたたくさんの探偵《たんてい》の中の一人に、特に熱心な子がいた。ある朝、校門の前で、先生を待《ま》ち構《かま》えていたのだ。

「おはよう。ずいぶん早く来たね。」

びっくりする先生に、その子はいきなり質問《しつもん》をしてきた。

「先生、アウシュヴィッツはどこにあったか知ってる？　先生はポーランドだって言ったけど、いくら探《さが》してもないんだよ。先生はわかるの？　ぼくは見つけたのだけどね。教えてあげるから早く来て。」

「わ、わかった。」

たじろぐ先生の手を引っぱって、その子は職員室《しょくいんしつ》まで押《お》しかけた。自分が持ってきた地図を見せた。

「いい？　アウシュヴィッツがどこにあるか指さしてよ、ないでしょ？

それはね、本当の名前じゃなくて、ドイツが勝手に変えていたからだってわかったんだ。

ポーランドでの本当の名前は『オシフィエンチム』。

テレジンもチェコにあって、『テレージエンシュタット』と名前を変えられてた。」

「地名が変えられていたことまでよく調べたね。」

その子にとっては、まさに心が躍《おど》る[*1]発見だったに違《ちが》いない。

感心しながら先生は、過去《かこ》の歴史《れきし》に真剣《しんけん》に向き合おうとする子どもの姿《すがた》にもっと応《こた》えなければと気を引きしめたという。

展覧会《てんらんかい》には、クラス全員で見に来た。その時引率《いんそつ》してきた先生が、会場で路子《みちこ》に会って話してくれた。

「子どもたちは、野村《のむら》さんの展覧会《てんらんかい》を通して、アンネ・フラン

＊1　心が躍《おど》る…心がわくわくする。

クが一万五千人もいたことの意味を理解《りかい》していきました。

テレジン収容所《しゅうようじょ》で地獄《じごく》の毎日を送らされた子どもたちがいたこと。その子たちが命の危険《きけん》を冒《おか》しながら絵を描《か》いたこと。

そして、最後には殺《ころ》されてしまったけれど、残された絵や詩は、アンネ・フランクの日記と同じように、その子たちの生きた証《あかし》になったことを自分たちでも調べて知ったんです。」

「一人一人の子たちが、テレジンの絵を通して、平和へのメッセージ[*1]を受け取ってくれたんですね。

小さな種がまかれたような気がして、わたしもうれしいです。」

子どもたちにも知ってもらう意味の大きさを、路子《みちこ》はしっかりと受け止めた。

❖生徒たちの取り組み

そのころ、北海道札幌藻岩《ほっかいどうさっぽろもいわ》高校の放送部は映画づくりを始め

＊1 メッセージ…伝えたいこと。伝言。

ていた。

テレジンやアウシュヴィッツを調べ、第二次世界大戦時《だいにじせかいたいせんじ》の映像《えいぞう》を探《さが》し『テレジン　もう蝶々《ちょうちょう》は飛ばない』という映画《えいが》をつくった。

これは、一九九二年の映像フェスティバルでグランプリを受賞、その後、高校生と金沢の小学生たちは、路子《みちこ》が仲立ち[*2]をしたことで、親しいつながりを持つようになった。

ある日、湘南白百合学園《[*3]しょうなんしらゆり》高等部の演劇部《えんげきぶ》から、路子《みちこ》のところへ連絡《れんらく》が来た。

「文化祭でうちのクラブが『アンネの日記』を上演《じょうえん》しました。その時に、会場の入り口に募金箱《ぼきんばこ》を置きました。そこで集まったお金を『テレジンの会』に寄付《きふ》したいと思うのですが。わたしたちは展覧会《てんらんかい》までは開けませんでしたが、テレジンのことも学びました。野村《のむら》さんの活動に賛同《さんどう》したのです。」

＊2 仲立ち…二者の間に入り良好な関係を結ばせること。
＊3 湘南《しょうなん》…12ページ参照。

「喜《よろこ》んでお受けします。本当にありがとう。」

自分が夢中《むちゅう》でやってきたことを、高校生たちがこうして後押《あとお》[*1]しをしてくれる。路子《みちこ》には、その行動力がまぶしく思えた。

その後、[*2]横須賀市《よこすかし》の大津《おおつ》中学校では、生徒たちの力で文化祭で『テレジン収容所《しゅうようじょ》の幼《おさな》い画家たち展《てん》』を開き、路子《みちこ》を呼《よ》んで講演会《こうえんかい》を開いた。

この時の生徒会長は数年後に、路子《みちこ》が主宰《しゅさい》する『テレジン、アウシュヴィッツを訪《たず》ねる旅』に参加、テレジンとの出会いが自分の将来《しょうらい》を決めたと語っていた。

埼玉県《さいたまけん》[*3]鳩ケ谷市《はとがやし》の里《さと》中学校も文化祭で展覧会《てんらんかい》を開き、さらに担任《たんにん》のK先生が書いた台本でテレジンの子どもたちの姿《すがた》を舞台《ぶたい》で演じて見せた。

若い人たちと触《ふ》れ合《あ》う中で、何かを伝えたい、やりたいという気持ちを共有するたびに、路子《みちこ》は心強さを感じた。

＊1 後押《あとお》し…応援《おうえん》して助けること。

＊2 横須賀市《よこすかし》…神奈川県《かながわけん》の三浦《みうら》半島に位置する市。

＊3 鳩ケ谷市《はとがやし》…二〇一一年に川口市《かわぐちし》に編入合併《へんにゅうがっぺい》された。

大盛況《だいせいきょう》の展覧会《てんらんかい》の様子。

現在のアウシュヴィッツ強制収容所《きょうせいしゅうようじょ》の入口。テレジン収容所《しゅうようじょ》と同じく「ARBEIT MACHT FREI（仕事が自由を作る）」（73 ページ）の看板がある。（写真：PIXTA）

第六章

三十年以上を走り続けて

❖失明の危機《きき》を乗《の》り越《こ》えて

ひたすら活動に取り組んできた路子《みちこ》だったが、一九九五年、アウシュヴィッツ解放《かいほう》五十周年に合わせて、写真記録の企画編集の依頼《いらい》を受けた時には、思わぬ事態に直面した。

長女の亜紀《あき》とともに、イスラエルの「ヤド・ヴァシェム（ホロコースト資料館《しりょうかん》）」、ワシントンの「ホロコースト博物館」などをはじめ各地の博物館、資料館《しりょうかん》を回って歩いた。

今のように資料《しりょう》がデータにはなっていない。そこにある写真を一枚《まい》一枚《まい》見て、欲《ほ》しい写真についている番号をノートに書き、それを貸《か》してもらう依頼《いらい》をするのだ。二週間ほどすると、各国からその写真が届《とど》く。

いくつもの段《だん》ボール箱にいっぱいの写真を六巻の企画《きかく》にそって分け、選び、説明文を書いて、レイアウトする人に渡《わた》すのだが、自分で選んだ写真とは言え、何とも嫌《いや》になるような死体の写真などが多い。それを毎日眺《なが》めていたある日、突然《とつぜん》に目が見えなくなった。

さすがにあせって、病院へ行くと緊急《きんきゅう》入院を言《い》い渡《わた》された。

それでも、仕事は投げ出すことができない。しめ切りは迫《せま》っている。じりじりとする路子《みちこ》に、先生はきっぱりと言った。

「このままだと失明[*1]しますよ。眼球注射《がんきゅうちゅうしゃ》[*2]をしましょう。」

「め、目玉に注射《ちゅうしゃ》。そんな恐《おそ》ろしいこと、わたしできません。」

「失明を止めるには、それしか方法はありません。」

「わ、わかりました。よろしくお願いします。」

「でも、野村《のむら》さん。こんなものばかり見ていたら目もおかしく

＊1 失明…目が見えなくなること。
＊2 眼球注射《がんきゅうちゅうしゃ》…治療法《ちりょうほう》の一つで、眼球《がんきゅう》（目玉）に注射《ちゅうしゃ》すること。

なりますよ。」

路子《みちこ》が病室に持ち込んで選んでいたのは、死体の写真ばかり。それを見た先生は、思わずそう言ってしまったのだ。

一方、路子《みちこ》の活動をよく知っている友人からもらった見舞《みま》いの言葉には、とても勇気《ゆうき》づけられた。

「あなたは死なない。だって、生きたくても生きられなかったテレジンの子どもたち一万五千人分の残りの命をこうしてあずかっているのだから。大丈夫《だいじょうぶ》。絶対《ぜったい》に治る。」

さらに嬉《うれ》しい知らせが病床《びょうしょう》の路子《みちこ》を力づけた。A[*1]との約束で書いた『テレジンの小さな画家たち』（偕成社《かいせいしゃ》）が児童書として大きな賞を受けたのだ。

そして『写真記録　アウシュヴィッツ』（全六巻）は、路子《みちこ》の失明の危機《きき》を乗《の》り越《こ》えて無事に刊行《かんこう》された。

＊1　A…81ページ参照。

＊2　新型コロナウイルス感《かん》染症《せんしょう》…二〇一九年に発生した、新型コロナウイルスによって引き起こされる感染症《かんせんしょう》。

三十年目の記念イベントで

一九九一年に、初めて展覧会《てんらんかい》を開催《かいさい》してからすでに三十年以上が過《す》ぎた。

本来なら、二〇二一年が三十周年の節目《ふしめ》の年だったが、その前年あたりから日本でも広がり始めた*2新型コロナウイルス感染症《かんせんしょう》のせいで、大規模《だいきぼ》な催《もよお》しはできない状態《じょうたい》が続いた。

そんな中で、二〇二二年九月十一日、路《みち》子《こ》の地元、埼玉県川越市《さいたまけんかわごえし》の*3市制《しせい》百周年と路《みち》子《こ》の活動三十年周年を記念して、川越市《かわごえし》のホール、ウェスタ川越《かわごえ》で講演《こうえん》と*4コンサートが開かれた。

（ようやくこの日を迎《むか》えることができた。）

自宅で取材を受ける野村路子《のむらみちこ》さん。

*3 市制《しせい》…市という制度《せいど》のこと。「市制《しせい》百周年」は「市になって百年」という意味。

*4 コンサート…音楽会や演奏会《えんそうかい》。

路子《みちこ》にとっては、待ちに待ったイベント[*1]だ。川越《かわごえ》では百人を超《こ》える賛同者《さんどうしゃ》が集まり、「テレジンを語りつぐ会in川越《かわごえ》」として活動している。

第一部は、路子《みちこ》による「テレジンの子どもたちの絵を語り続けて三十年」と題した講演《こうえん》。

第二部は「テレジン　もう蝶々《ちょうちょう》はいない」と題したコンサートの二部構成《こうせい》だ。

ロビーでは、テレジンの子どもたちの絵や詩の展示《てんじ》、路子《みちこ》のこれまでの歩みを伝える新聞記事などや著作《ちょさく》の紹介《しょうかい》もされ、集大成の形となった。

超満員《ちょうまんいん》のホールで、路子《みちこ》は、自宅《じたく》から持ってきたアンティーク[*2]のイスに腰《こし》かけながら、ゆっくりと客席を見渡《みわた》した。よく通る、やわらかな声で話し始めた。

「こんにちは。

＊1 イベント…行事や催《もよお》し物《もの》。

＊2 アンティーク…古くて、美術品《びじゅつひん》として値打《ねう》ちのある。

わたしが初めて、プラハのユダヤ博物館で絵と出会ってから、もう三十年以上がたちました。

自分でも、ここまでよく伝え続けてこられたものだと思います。

それができたのは、テレジンで消えていった子どもたちと、そこで生き残った、今は友人の人たちが、わたしを支《ささ》え続《つづ》けてくれたからです。」

来場者の真剣《しんけん》なまなざしを受け止めながら、路子《みちこ》は続けた。

「かつて起きたいまわしい[*3]出来事は、決して過去《かこ》だけのものではありません。

今の世界情勢《じょうせい》を見ても、昔と同じような危険《きけん》が生まれてきているからです。

だから、わたしは今ここでまた、テレジンの子どもたちの『命のメッセージ』を伝えたい。みなさんに平和がどんなに大切

2022年9月11日、平和コンサートのパンフレット。

＊3 いまわしい…いやな。不愉快《ふゆかい》な。

2023年12月、講演会《こうえんかい》で、テレジン収容所《しゅうようじょ》の話をする野《の》村《むら》路《みち》子《こ》さん。

野《の》村《むら》路《みち》子《こ》さんの活動をまとめた展示《てんじ》。

なものかを知ってもらうために。

いつまでできるかはわかりませんが、体力と気力が続く限《かぎ》り、こうしてお話をしていきたいと思います。」

話し終えた路子《みちこ》に、会場から大きな拍手《はくしゅ》がわきあがった。

（これは、テレジンの子どもたちの命のさけびを受けとめてくれた人たちからの拍手《はくしゅ》だ。この拍手《はくしゅ》が聞ける限《かぎ》り、わたしは、子どもたちと歩んでいこう。）

決意を新たにしながら、路子《みちこ》は第二部のコンサートにつないだ。コンサートでは、これまでずっと、子どもたちが残した詩を路子《みちこ》が日本語に訳《やく》し、ギター奏者《そうしゃ》が曲をつけて歌にしたものを中心に発表してきたが、この公演《こうえん》では、特別に、地元の幼稚《ようち》園生《えんせい》たち『ひまわりキッズ』も出演《しゅつえん》した。

どの子も一生懸命《けんめい》に歌う、あどけなくほほえましい姿《すがた》に、来場者は目を細めながら耳をかたむけている。

そして、舞台《ぶたい》後ろのスクリーン[*1]にゆっくりと大きく映《うつ》し出《だ》されたのは、テレジンの子どもたちが描《か》いた絵・絵・絵……。

スクリーンの中で輝《かがや》く絵たちに、路子《みちこ》は話しかけた。

（もしも、平和な時代に生まれていたならば、あなたたちも、楽しくお絵描《えか》きができたはず。学校でも、自分のお家《うち》でも、自由に思いきり歌も歌えたはず。）

園児たちの自由でどこまでも明るいパフォーマンス[*2]を、路子《みちこ》は、テレジンの子どもたちに重ね合わさずにはいられなかった。

「さあ、絵を描《か》きましょう。楽しく自分の思うとおりに！　さあ、大きな声で歌いましょう、空まで届くように！」

（フリードル先生はそう言いたかったにちがいない。自由に絵を描《か》いたり、大きな声で歌ったり、そんな当たり前のことが許されなかった子どもたちがいたこと。それができるのは、平和だからなのだということを、日本中の子どもたちに伝え

＊1 スクリーン…映画《えいが》やスライドなどを映《うつ》して見るための白い幕《まく》。

＊2 パフォーマンス…行動や振《ふ》る舞《ま》い。音楽や演劇《えんげき》などを披露《ひろう》すること。また、その演技《えんぎ》。

るために、がんばらなければ。)

大きな拍手《はくしゅ》で幕が下りたあと、すぐに北九州《きたきゅうしゅう》から来ていた仲間が路子《みちこ》にかけよってきた。

「来年こそ、コンサートを北九州でやりますね。」

すでに三回もの展覧会《てんらんかい》や講演会《こうえんかい》を続けてきてくれた人たちだ。

「ありがとう。」「ありがとう。」

路子《みちこ》の願いを受け止めて集まってくれた出演者のみんなも、まだまだがんばりましょうと手をにぎり合っていた。

❖これからもつないでいくために

二〇二三年九月。

路子宅《みちこたく》には、十一月一日から東京《とうきょう》・府中《ふちゅう》で開催《かいさい》する『テレジンの小さな画家たち展《てん》――子どもが夢《ゆめ》を描《えが》くとき』の打ち合わせで女性《じょせい》スタッフが訪《おとず》れていた。

彼女《かのじょ》は、中学時代に路子《みちこ》の書いた『テレジンの小さな画家たち』を読んで感動、「自分もフリードル先生になる」と決めていたという。それから長い時間を経《へ》て、今やっと夢《ゆめ》を実現《じつげん》させるのだと興奮《こうふん》していた。

「わたしは年をとってしまった。旅をするのも、もう限界《げんかい》かもしれない。でも、テレジンの絵をもっとたくさんの人に見てほしい。この思いは変わらないわ。」

「先生にはまだまだがんばっていただかないと。」

プラハのユダヤ博物館でテレジンの子どもたちの絵を偶然《ぐうぜん》に見てからこれまで、*1無我夢中《むがむちゅう》で走ってきた。その間、二十五回以上、プラハやアウシュヴィッツを訪《おとず》れている。イスラエルへも五回行った。たくさん歩いた。さまざまに見てきた。

路子《みちこ》は、スタッフと笑い合いながら思い返していた。

(たまたま見て、感動して、それを人にも見せたくて。そのた

*1 無我夢中《むがむちゅう》…ものごとに熱中して、自分を忘《わす》れること。

めに動いてがんばって……。もう若《わか》くなくなった自分が、ただ偶然《ぐうぜん》に見つけたものと、三十年以上も付き合えたなんて……。）

あの時の偶然《ぐうぜん》は、運命に置きかえられるものだった。

（だからまだまだ伝えたい。わたしの命のある限《かぎ》り。）

書くことが大好きだった少女は、長い年月をかけて、人に寄《よ》りそい、痛《いた》みのわかる、それを伝えるためには決して労[*2]を惜《お》しまないで追いかけ続けるノンフィクション[*3]作家になった。

テレジンという永遠のテーマ[*4]を自分自身に課《か》して。

書斎《しょさい》には、取材ノートや新聞や雑誌《ざっし》のコピー、ユダヤ博物館のパンフレットやテレジンの地図、ディタたちからの手紙、展《てん》覧会《らんかい》のチラシやポスターなど、これまでのテレジンに関わるものが引き出しや段《だん》ボールにぎっしりとつまっている。

古い原稿《げんこう》用紙の束は、まだワープロ[*5]もパソコンもなかった時

＊2 労を惜《お》しまない…苦労することをいやがらない。

＊3 ノンフィクション…実《じっ》際《さい》にあったことをもとにした作品。反対に、作者の想像力《そうぞうりょく》によって書かれた作品を「フィクション」という。

＊4 テーマ…主題。伝えたいこと。

＊5 ワープロ…文書の作成や印刷、作成したデータや文書の管理を行うためのコンピューター。「ワードプロセッサ」の略《りゃく》。

のものだ。今は使わなくなった*1万年筆《まんねんひつ》も机《つくえ》のすみにあるペン立てにひっそりとささっている。

　そのどれも路子《みちこ》は捨《す》てられない。それは、自分が歩んできた歴史《れきし》そのものだ。次に続く人たちへとつないでいきたい。

（お父さまが今のわたしを見たら、何と言うだろう。）

　テーブルの上に置かれた小さなスタンドミラー*2の中に、父親によく似《に》た目力《めぢから》のある瞳《ひとみ》が映《うつ》っている。

　ふっとながめていた路子《みちこ》に、スタッフの声がした。

「先生。展示《てんじ》する絵の*3搬入《はんにゅう》なのですが……。」

「ああ。時間は何時だったっけ。絵の枚数《まいすう》も確認《かくにん》して。」

　路子《みちこ》は、*4企画書《きかくしょ》を手にすると視線《しせん》を上げ、顔をほころばせた。

「この展覧会《てんらんかい》も、ぜひ成功させましょう。」

（終わり）

＊1　万年筆《まんねんひつ》…インクで文字を書く筆記用具。

＊2　スタンドミラー…自立式の鏡。

＊3　搬入《はんにゅう》…運び入れること。

＊4　企画書《きかくしょ》…新しく行うことのアイデアや、それを実現《じつげん》するための方法などをまとめた書類。

もっと よくわかる!

野村路子《のむらみちこ》と テレジン収容所《しゅうようじょ》

テレジン収容所《しゅうようじょ》の子どもたちの絵と、それを
日本に紹介《しょうかい》した野村路子《のむらみちこ》さんについてくわしく見てみましょう。

わたしは子どもたちの絵に
恋《こい》をしてしまったんです。

（野村路子《のむらみちこ》）

構成・文／オフィス・イディオム

テレジン収容所《しゅうようじょ》に関わった人びと

テレジン収容所《しゅうようじょ》に関わった人物をくわしく見てみましょう。

フリードル・ディッカー

（1898 〜 1944）

収容所《しゅうようじょ》の子どもたちに絵を教えた先生

ウィーン生まれのユダヤ人画家・芸術家《げいじゅつか》。ウイーン美術《びじゅつ》工芸学校を出たあと、ドイツの芸術《げいじゅつ》運動の拠《きょ》点《てん》「バウハウス」に移《うつ》り、絵画、彫刻《ちょうこく》、建築《けんちく》、デザインなど、さまざまな分野で才能《さいのう》を発揮《はっき》しました。

その後、移住先《いじゅうさき》のチェコスロヴァキアのプラハで、ナチス=ドイツによってテレジン収容所《しゅうようじょ》へ送られました。この時、ユダヤ人に許《ゆる》された荷物は一家族五十キロまでと限《かぎ》られていたため、彼女《かのじょ》は、ありったけの紙やクレヨン、絵の具などをトランクにつめて持《も》ち込《こ》みました。

テレジン収容所《しゅうようじょ》では、自らすすんで子どもたちに絵を教え、生きる希望を与《あた》えました。

一九四四年十月、彼女《かのじょ》も子どもたちといっしょにアウシュヴィッツへ送られ、殺《ころ》されました。

フリードル先生の言葉

楽しかった日のことを
思い出して絵を描《か》きましょう。
きっとまた、そんな日が来るわ。

◆　◆　◆

今日はとてもつらい日だけど、
明日、戦争が終わるかも
しれないのよ。
希望を捨《す》ててはだめ。
きっと明日は、よい日が
来ると信じましょう。

子どもたちの絵を持ち出して残した

ビリー・グロアー

（1914 ～ 2001）

ユダヤ人の自治組織《じちそしき》の中から選ばれて、テレジン収容所《しゅうようじょ》の「女の子の家」の世話役をしていました。

ドイツの敗戦が近づいた時、ドイツ人たちが去った事務所《じむしょ》にあった子どもたちの絵を見つけ、トランクにつめてプラハに持ち出しました。

その後、子どもたちの絵はプラハのユダヤ博物館に飾《かざ》られました。

収容所《しゅうようじょ》での体験を人びとに伝えた

ディタ・クラウス

（1929 ～ ）

十三歳《さい》の時にテレジン収容所《しゅうようじょ》に送られて、生き残った一人。

フリードル先生に習って絵を描《か》き、二年後にアウシュヴィッツへ送られましたが、ガス室に送られる前に戦争が終わったことで助かりました。

戦後は、テレジン収容所《しゅうようじょ》で体験したことを、勇気《ゆうき》を持って人びとに伝え続けています。

収容所《しゅうようじょ》で見た出来事をそのまま絵に残した

ヘルガ・ヴァイッソヴァー

（1929 ～ ）

小さいころから絵を描《か》くのが好きな女の子でした。

収容所《しゅうようじょ》で「自分の目で見たことを描《か》きなさい」という父からの手紙を受け取り、ほかの子どもたちのようにフリードル先生の教室へは行かず、一人で収容所《しゅうようじょ》の様子を描《えが》きました。

戦後は美術《びじゅつ》大学を卒業して、画家として活躍《かつやく》しています。

全国に広がる テレジンを語《かた》りつぐ会

野村路子《のむらみちこ》さんが代表を務《つと》める「テレジンを語《かた》りつぐ会」は全国各地《かくち》で展覧会《てんらんかい》や講演会《こうえんかい》を開いています。

ボランティア主体の「テレジンを語《かた》りつぐ会」

野村路子《のむらみちこ》さんが代表を務《つと》める「テレジンを語《かた》りつぐ会」は、全国の都市で、テレジンのパネル展示《てんじ》や、講演会《こうえんかい》、コンサートなどを開催《かいさい》しています。

展覧会《てんらんかい》では、子どもたちの描《か》いた絵のほか、子どもたちが書いた詩、フリードル先生の絵画教室などについて知ることができます。

また、野村路子《のむらみちこ》さんの講演会《こうえんかい》では、テレジン収容所《しゅうようじょ》の生還者《サバイバー》から聞いた貴重《きちょう》な体験談を聞くことができます。

この会の運営《うんえい》は、ボランティアの人たちが行っています。

「テレジンを語《かた》りつぐ会」が開催《かいさい》した展覧会《てんらんかい》のパンフレット。

野村路子《のむらみちこ》さんの講演会《こうえんかい》。

わが家

ぼくは　広い世界を　じっと見ている
広い　そして　遠い世界を
ぼくは　南東の方向を　じっと見ている
わが家の方を　じっと見ている
ぼくの生まれた町の方を　ぼくの町　ぼくのふるさとの町
ぼくがどんなにそこへ帰りたがっていることか……

詩：フランティセック・バス　訳《やく》：野村路子《のむらみちこ》
1930年9月4日生まれ　1944年10月28日アウシュヴィッツへ

絵の解説《かいせつ》をする
野村路子《のむらみちこ》さん。

2023年12月、埼玉県川越市《さいたまけんかわごえし》での『テレジン収容所《しゅうようじょ》の幼《おさな》い画家たち展《てん》』会場の様子。

野《の》村《むら》路《みち》子《こ》とテレジン収容所《しゅうようじょ》関連地図

野《の》村《むら》路《みち》子《こ》とテレジン収容所《しゅうようじょ》に関係したおもな場所を地図で見てみましょう。

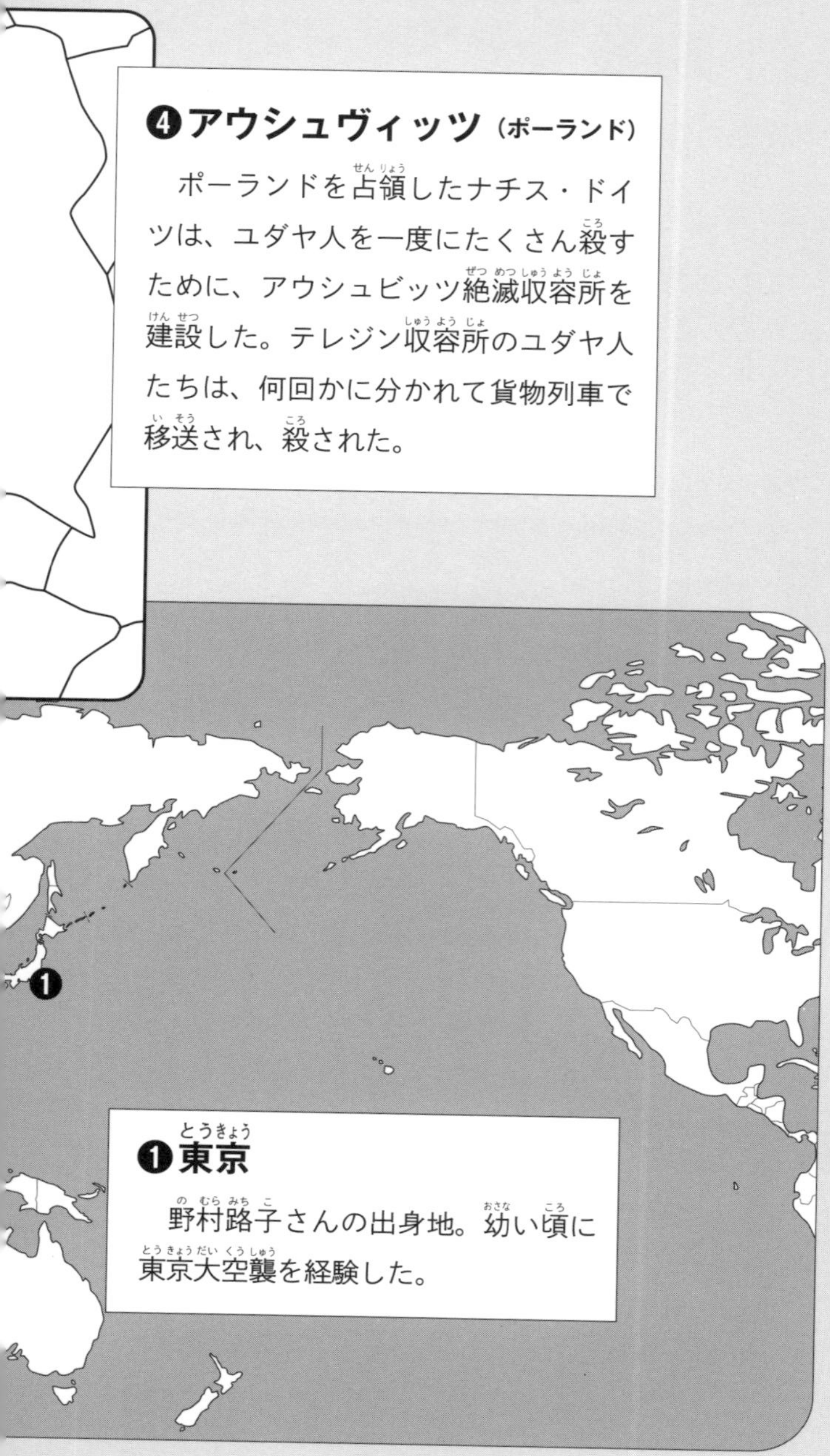

❹アウシュヴィッツ（ポーランド）

ポーランドを占領《せんりょう》したナチス・ドイツは、ユダヤ人を一度にたくさん殺《ころ》すために、アウシュビッツ絶滅収容所《ぜつめつしゅうようじょ》を建設《けんせつ》した。テレジン収容所《しゅうようじょ》のユダヤ人たちは、何回かに分かれて貨物列車で移送《いそう》され、殺《ころ》された。

❶東京《とうきょう》

野村路子《のむらみちこ》さんの出身地。幼《おさな》い頃《ころ》に東京大空襲《とうきょうだいくうしゅう》を経験した。

❷プラハ（チェコ）

野村路子《のむらみちこ》さんは、プラハのユダヤ博物館で初めてテレジンの子どもたちの絵と出会った。生還者《サバイバー》のヘルガ・ヴァイッソヴァーさんは現在プラハ在住。

❸テレジン（チェコ）

第二次世界大戦《だいにじせかいたいせん》中、収容所《しゅうようじょ》に入れられたユダヤ人の子どもたちが、フリードル先生の教室で絵を描《か》いた。

チェコ周辺図。（国境線は現在のもの）

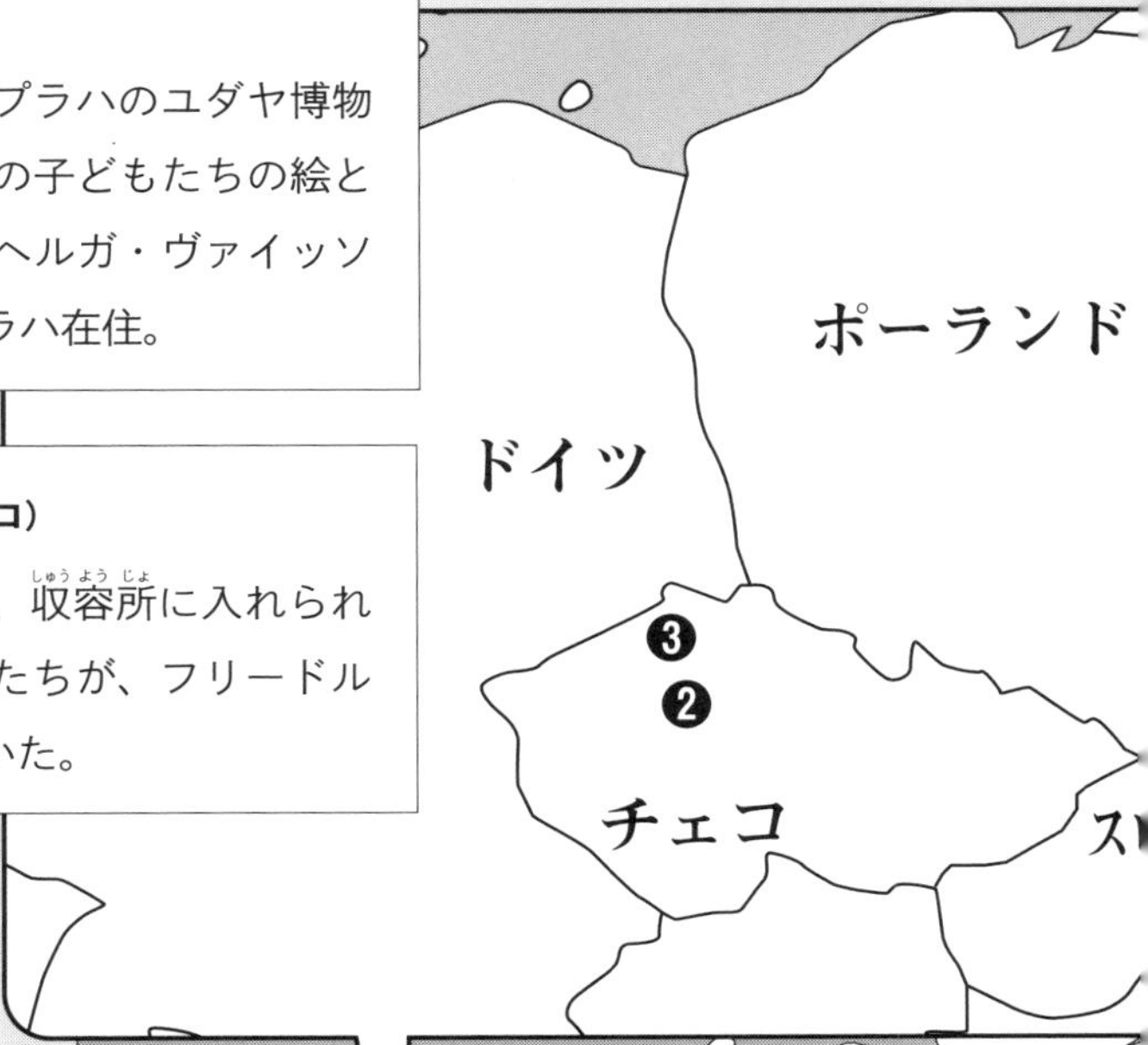

❺イスラエル

第二次世界大戦《だいにじせかいたいせん》を生《い》きぬいたユダヤ人が建国した国。野村路子《のむらみちこ》さんは、テレジンからの生還者《サバイバー》ディタさんや子どもたちの絵を持ち出したビリーさんと会った。

国境線は現在のもの。

野村路子《のむらみちこ》とテレジン収容所《しゅうようじょ》年表

野村路子《のむらみちこ》とテレジン収容所《しゅうようじょ》について、その流れをたどってみましょう。

西暦《せいれき》	野村路子《のむらみちこ》とテレジン収容所《しゅうようじょ》のできごと
1937年	野村《のむら》（旧姓福田《きゅうせいふくだ》）路子《みちこ》が生まれる。
1940年	ナチス・ドイツがポーランドにアウシュヴィッツ絶滅収容所《ぜつめつしゅうようじょ》を建設《けんせつ》。
1941年	チェコ国内のユダヤ人がテレジン収容所《しゅうようじょ》に集められる。
1942年	フリードル・ディッカーがテレジン収容所《しゅうようじょ》に入れられる。その後、テレジン収容所《しゅうようじょ》で子どもたちに絵を教える。
1944年	フリードルとテレジンの子どもたちのほとんどがアウシュヴィッツに送られる。
1945年	ソ連《れん》軍によって、アウシュヴィッツ絶滅収容所《ぜつめつしゅうようじょ》、テレジン収容所《しゅうようじょ》が解放《かいほう》される。ビリー・グロアーが収容所《しゅうようじょ》に残されていた子どもたちの絵をプラハに持ち出す。野村路子《のむらみちこ》（8歳《さい》）が東京大空襲《とうきょうだいくうしゅう》を経験する。

西暦	社会のできごと
1939年	ドイツがポーランドに侵攻《しんこう》し、第二次世界大戦《だいにじせかいたいせん》が始まる。
1943年	スターリングラードのドイツ軍がソ連《れん》軍に降伏《こうふく》。
1945年	ヒトラーが自殺し、ドイツが連合国に無条件降伏《むじょうけんこうふく》。ナチスの戦争犯罪《はんざい》を裁《さば》くニュルンベルク裁判《さいばん》が開かれる。
1948年	ユダヤ人がイスラエルを建国。

1989年　野村路子が旅先の当時のチェコスロヴァキア・プラハにあるユダヤ博物館で、テレジンの子どもたちの絵と偶然《ぐうぜん》出会う。

1990年　野村《のむら》路子《みちこ》がプラハのユダヤ博物館を訪《たず》ね、日本での展覧会《てんらんかい》開催《かいさい》の許可《きょか》を受ける。そして、初めてテレジンの街を訪《おとず》れる。

野村《のむら》路子《みちこ》がイスラエルを訪《おとず》れ、ビリー・グロアー、ディタ・クラウスから話を聞く。

その後、テレジンからの生還者《サバイバー》、ヘルガ・ヴァイッソヴァー、ラーヤ・エングランデロヴァーと知り合う。

1991年　全国23か所で『テレジン収容所《しゅうようじょ》の幼《おさな》い画家たち展《てん》――15000人のアンネ・フランクがいた――』を開催《かいさい》。

野村《のむら》路子《みちこ》がディタ・クラウスを日本に招待《しょうたい》する。ディタとはイスラエル、プラハで10回ほど会っている。

その後、野村《のむら》路子《みちこ》は30年以上にわたって、展覧会《てんらんかい》や講演会《こうえんかい》、本の出版などを通してテレジンの子どもたちのことを伝え続ける。

2010年　『フリードルとテレジンの小さな画家たち』が教科書『みんなと学ぶ　小学校国語　六年　下』（学校図書）に掲載。

2015年　アウシュヴィッツ解放70周年記念式典に招かれ、出席。

1979年　「アウシュヴィッツ・ビルケナウ　ナチスドイツの強制絶滅《きょうせいぜつめつ》収容所《しゅうようじょ》（1940～1945）」がユネスコ世界遺産《いさん》に登録。

1993年　チェコスロヴァキア連邦《れんぽう》共和国が、チェコ共和国とスロヴァキア共和国に分かれる。

NDC 289

文／横田 明子

新伝記

平和をもたらした人びと 4巻

野村路子とテレジン収容所

Gakken 2024　144P　21cm

ISBN 978-4-05-501410-6　C8323

新伝記　平和をもたらした人びと　4巻

野村路子とテレジン収容所

2024年4月9日　第1刷発行

発行人／土屋　徹

編集人／芳賀靖彦

編集担当／寺澤　郁　渡辺雅典

発行所／株式会社Gakken

〒141-8416　東京都品川区西五反田2-11-8

印刷所／TOPPAN株式会社

製本所／株式会社難波製本

資料・写真協力／野村路子

装丁・本文デザイン／荒井桂子

(@ARAI DESIGN ROOM)

イラスト／大塚洋一郎

構成・編集協力／松本義弘

（オフィス・イディオム）

写真／アフロ　PIXTA

校閲・校正／岩崎美穂　鈴木一馬　入澤宣幸

この本に関する各種お問い合わせ先

・本の内容については、下記サイトのお問い合わせフォームよりお願いします。

https://www.corp-gakken.co.jp/contact/

・在庫については、Tel 03-6431-1197（販売部）

・不良品（落丁、乱丁）については、

Tel 0570-000577（学研業務センター）

〒354-0045 埼玉県入間郡三芳町上富 279-1

・上記以外のお問い合わせは、

Tel 0570-056-710（学研グループ総合案内）

学研グループの書籍・雑誌についての新刊情報・詳細情報は、下記をご覧ください。

・学研出版サイト　https://hon.gakken.jp/

・学研の調べ学習お役立ちネット　図書館行こ！

https://go-toshokan.gakken.jp/

野村路子とテレジン収容所　強制収容所を伝える作家

●参考文献

『テレジンの小さな画家たち　ナチスの収容所で子どもたちは4000枚の絵をのこした』
野村路子 著(偕成社)

『15000人のアンネ・フランク　テレジン収容所に残された4000枚の絵』 野村路子 著(径書房)

『子どもたちのアウシュヴィッツ』 野村路子 著(第三文明社)

『フリードル先生とテレジンの子どもたち　ナチスの収容所にのこされた4000枚の絵』
野村路子 著（第三文明社）

『生還者(サバイバー)たちの声を聴いて　テレジン、アウシュヴィッツを伝えた30年』
野村路子 著(第三文明社)

『アンネへの手紙　母と娘の東欧紀行フォトエッセイ』 野村路子 著(教育出版センター)

『絵画記録 テレジン強制収容所　アウシュヴィッツに消えた子どもたち』
〈アウシュヴィッツに消えた子らの遺作展〉を成功させる会 編(ほるぷ出版)

『写真記録 アウシュヴィッツ ホロコーストの真実』全六巻
大江一道 監修　野村路子 編集構成（ほるぷ出版）

『テレジン収容所の小さな画家たち詩人たち　アウシュビッツに消えた15000人の小さな生命』
野村路子 編著（ルック）

『絶望の中の光』ヤン・コムスキー 画　野村路子 編・解説（ルック）

『地獄の中の愛』ミェチスワフ・コシチェルニャック 画　野村路子 編・解説（ルック）

『みんなと学ぶ　小学校国語　六年　下』(学校図書)

●雑誌等

『野村路子のテレジンと歩んだ30年』（テレジンを語りつぐ会）

『グラフふるさと　'78 石巻特集』

『週刊BCN』 2023.3.6、3.13号

『府中テレジンの会』展覧会用資料

『神戸新聞』2023年8月6日

『テレジン収容所の幼い画家たち展 ── 15000人のアンネ・フランクがいた ── 』チラシ等

●Webサイト

テレジンを語りつぐ会　テレジン 命のメッセージ

＃ VisitCzechia

プラハ発テレジン強制収容所ツアー2024年